JN324868

「座る」鉄道のサービス

座席から見る鉄道の進化

佐藤正樹
Sato Masaki

交通新聞社新書 060

はじめに

交通機関にとって、安全確実に目的地まで運ぶこと以外で大事なサービスとは何でしょうか？　それは「座る」ことではないでしょうか。

交通機関において、旅客は「座って」移動することが前提ですから、鉄道では、列車の増発や編成両数を増やすことで対応してきました。しかし、それだけでは「確実に座りたい」「より快適に座りたい」といったニーズに対応できません。そこで鉄道各社は、着席サービスの向上にしのぎを削ってきました。

鉄道、とくに長距離輸送を長く担ってきたかつての国鉄、現在のＪＲの鉄道は、創業当初は自由席が基本でした。しかし、明治後期になって特急列車が登場するようになると座席指定制が始まり、他の列車との差別化が図られました。座席指定制は戦後になってさらに拡充し、昭和30年代に入ると制度として本格化。当初は手作業で行なわれていた指定券の発売がやがてコンピューター化され、指定席の普及が爆発的に進みました。現在、ＪＲの特急には指定席が数両連結されるのが当たり前となっています。

着席サービスは指定席だけではありません。自由席についても、繁忙期に確実に座れるための整理券を配布したり、特殊な乗車整理を行なったりと、あらゆる手段が講じられてきました。

座ることは、常に「快適」という言葉が付いて回ります。快適に移動したいのなら現在のグリーン車を選べばよいわけですが、旅客の大半を占める普通客に対してもより快適に移動できるサービスや座席の改善が施されてきました。着席サービスではこの点も無視できません。

本書では、このような視点から、過去の国鉄～ＪＲの着席サービスを振り返り、「座る」の進化ぶりを追っていきたいと思います。

本書をお読みになる前に

本書には、耳慣れない言葉や用語が頻繁に登場します。お読みになる前に、次の点をお含みおきいただければ幸いです。

■等級制度について

全章にわたり、「ロザ」「ハザ」という言葉がしばしば登場します。

6ページの表のように、国鉄の等級制度の変遷は複雑で、昭和35年（1960）6月以前は1・2・3等の3等級制、昭和35年7月から昭和44年5月9日までは1・2等の2等級制となり、昭和44年5月10日からは等級制が廃止され、運賃・料金の体系が一本化。それまでの1等車は「グリーン車」という名称の特別車両になりました。しかし、「ロザ」「ハザ」という言葉は、営業制度とは関係なく車両設備を区別するために国鉄部内で使われていました。

このうち、「ロ」は現在のグリーン車を意味しますが、3等級制時代は2等車、2等級制時代は1等車を指します。「ハ」は現在の普通車を意味しますが、3等級制時代は3等車、2等級制時代は2等車を指します。「ザ」は座席の意味で、これが「ネ」になると「ロネ」「ハネ」となり、現

●国鉄等級制度の変遷

改正年月	内容	座席車			寝台車		
		イザ	ロザ	ハザ	イネ	ロネ	ハネ
明治 5年10月	国鉄創業時	上等	中等	下等	―	―	―
明治30年11月	等級名を改称	1等	2等	3等	―	―	―
明治33年10月	国鉄初の寝台車登場	1等	2等	3等	1等	―	―
明治43年 9月	国鉄初の2等寝台車登場	1等	2等	3等	1等	2等	―
昭和 6年 2月	3等寝台車登場	1等	2等	3等	1等	2等	3等
昭和30年 7月	1等寝台車廃止	1等	2等	3等	―	2等	3等
昭和35年 7月	2等級制に	(廃止)	1等	2等	―	1等	2等
昭和44年5月～	等級制廃止	―	グリーン	普通	―	A	B

在はそれぞれ、A寝台、B寝台を指します。

したがって、単に「2等車」といっても、3等級制と2等級制ではグレードがまったく異なるのです。このことから、時代を跨ぐ説明での混乱を避けるために、あえて部内用語を使っています。

■車両の記号について

鉄道車両には、「スハ43」「キロ80」というような形式記号が付けられています。その意味については、交通新聞社新書の拙著『国鉄／JR　列車編成の謎を解く』で細かく紹介しています。形式記号については左の表を参照してください。

●在来線座席車の車種一覧

［電車の場合］

〜昭和35年6月	1等［イザ］	2等［ロザ］	3等　［ハザ］
昭和35年7月〜昭和44年5月		1等［ロザ］	2等　［ハザ］
昭和44年5月〜現在		グリーン［ロザ］	普通［ハザ］
制御車［ク］		クロ	クハ
		クロハ	
制御電動車［クモ］		クモロ	クモハ
		クモロハ	
電動車［モ］		モロ	モハ
付随車［サ］		サロ	サハ
		サロハ	

※ク＝運転台付き、サ＝モーターなし

［気動車の場合］

〜昭和35年6月	1等［イザ］	2等［ロザ］	3等　［ハザ］
昭和35年7月〜昭和44年5月		1等［ロザ］	2等　［ハザ］
昭和44年5月〜現在		グリーン［ロザ］	普通［ハザ］
エンジンあり［キ］		キロ	キハ
		キロハ	
エンジンなし［キサ］		キサロ	キサハ
		キサロハ	

［客車の場合］

〜昭和35年6月	1等［イザ］	2等［ロザ］	3等　［ハザ］
昭和35年7月〜昭和44年5月		1等［ロザ］	2等　［ハザ］
昭和44年5月〜現在		グリーン［ロザ］	普通［ハザ］
ナ級［27.5〜32.5トン未満］	—	ナロ	ナハ（フ）
オ級［32.5〜37.5トン未満］	—	オロ（フ）	オハ（フ）
ス級［37.5〜42.5トン未満］	スイ（テ）	スロ（フ）	スハ（フ）
マ級［42.5〜47.5トン未満］	マイ（テ）	マロ	マハ
カ級［47.5トン〜］	—	—	カハフ

※重さは積車重量（定員の旅客が乗車した場合の車両重量）を表す。
フ＝緩急車、テ＝展望車

#「座る」鉄道のサービス——目次

第二章　座席予約の進化

第三章　あの手この手の自由席着席サービス

第四章　国鉄ハザのボックスシート物語

第五章　座席周りの設備今昔

写真提供／結解学、交通新聞サービス、柳井近之（YOU企画）
撮影協力／鉄道博物館

第一章　指定席連結列車の歴史

号車指定制が普及した座席指定列車

現在、ＪＲのほとんどの特急・急行列車に連結されている指定席は、「座る」鉄道のサービスのなかでもっとも根幹をなすものでしょう。その元祖は、遠く明治時代まで遡ります。明治45年（１９１２）６月、新橋（後の汐留《しおどめ》、現・廃止）～下関間に国鉄初の特急列車が登場。3等級制の時代に、１等車（イザ）と２等車（ロザ）だけだったこの豪華列車の座席車に、初めて座席指定制が導入されました。明治５年、日本に最初の旅客用鉄道が開業してからこのときまで、座席指定制は寝台車にしか適用されていませんでした。

明治末期といえば、全国に主要な鉄道網が整備されつつあったものの、人々の行動範囲はまだ現在とは比べものにならないほど狭いものでしたから、ひとつの列車の座席車が超満員になることはなく、座席指定の必要性はありませんでした。

国鉄初の特急が登場した当時の日本は、明治38年に日露戦争に勝利して以来、朝鮮半島や中国・満州地方の権益を手中にし、国際社会でその地位を高めつつありました。当然、日本本土と朝鮮、中国の往来が増加するようになり、昭和20年（１９４５）６月まで運航されていた下関～

釜山間の国鉄関釜航路を介して、釜山から朝鮮、中国大陸を経て、ロシアのモスクワやフランスのパリまでのルートが鉄道により確立されました。これを「欧亜《おうあ》連絡」⁽注⁾と言います。新橋～下関間の特急に採用された座席指定制には、欧亜連絡の一翼を担う国際的な列車にふさわしく、定員制の特別な列車であることをアピールする狙いもあったのでしょう。

そのことを示すような当時の広告が『日本国有鉄道百年 写真史』に掲載されています。これによると、

一　本列車の一、二等坐席には悉《ことごと》く番號《ばんごう》を附して御乗車前坐席を豫約《よやく》する便法を新設致候間御希望の向に前以て乗車驛に御申込相成度候

とあります。それぞれの座席には座席番号を付けているので、乗車前に駅で座席の予約をしてほしいということを意味しています。

列車時刻改正

本月十五日より東海道線　山陽線及北陸線の
線列車運轉時刻を改正可致に付詳細の儀は停車場
掲示に依り御承知相成度尚右改正と同時に從來新
橋神戸間に運轉せる某間の　一、二等急行列車を下
關まで延長し之を新橋　下關間特別急行列車と稱
し客車の組成其他左の通改善相加へ候

一本列車は一、二等寝臺車及食堂車附にして殊に最後部の一等車には別に展望室を設け列車進行中四邊の風光を觀望するの便に備へ尚一等車には特別室を設け貸切の用に供し候

一本列車の一、二等坐席には悉く番號を附し御乘車前坐席を豫約する便法を新設致候間御希望の向は前以て乘車驛に御申込相成度候

一本列車に對する特別急行列車券料金は左の通に有之候

四百哩未滿　二等金二圓　一等金三圓
四百哩以上　二等金三圓　一等金五圓

從來東京横濱方面との間には三等乘客に對する直通運轉の直行列車無之候處今回之を新設すると共に從來の夜間二等急行列車の運轉時間を短縮致敦賀浦鹽斯德を經由して西伯利亞急行列車に連絡する連絡客の便を計り毎週日、火、木曜日午後時新橋發急行列車に一、二等寝臺車を増結し金ケ崎まで直通運轉可致に付毎週月、水、金曜日敦賀發の連絡船に頼らるゝ方は此接續列車便を利用相成度候

明治四十五年六月

鐵道院

国鉄初の特急列車運転に際して出された広告
(『日本国有鉄道百年 写真史』から転載)

当時は、もちろんコンピューターというものはありませんから、座席指定の特急券は各停車駅に割り当てて発売していました。特急は上下各1本だけですし、山陽本線内は夜行で運転されていましたから、おもに東海道本線内発着の乗客を拾っていればよく、それもほとんどが長距離の客だったので、このような原始的な方法で充分でした。

ところが、大正12年（1923）7月に3等車（ハザ）のみで組成された2本目の特急が新設されると、座席をひとつひとつ指定することが煩雑になり、座席指定から号車指定に変更されています。この方式は、戦後に登場した「へいわ」（後の「つばめ」）や「はと」「かもめ」といった特急にも引き継がれています。

特急料金には指定料が含まれるため、指定をするための料金が別に設定されることはありませんでした。ところが、昭和25年10月から現在のグリーン車の原形ともいえるリクライニングシート付きの特別2等車（特ロ）が全国の主要な急行に連結されるようになってからは「客車指定券」というものが登場しています。特ロは、並ロと呼ばれた従来の2等車とあまりにも設備に格差がありすぎたためで、特別2等車料金が設定される昭和26年10月まで暫定的に発売されていましたした（詳細は拙著『グリーン車の不思議』を参照）。もっともこれも号車指定だったので、途中駅から

2人以上で乗車する客からは、連れと並んで着席できないという苦情が多数寄せられたそうです。

(注)▼欧亜連絡……国際連絡列車とはいっても、実際に朝鮮や中国大陸への乗客は1等寝台車（イネ）の一部に過ぎず、日本国内、とくに西日本への乗客が大半を占めていたという。なお、欧亜連絡は、関釜航路を介するルートのほか、敦賀《つるが》からの民間航路を介して、ウラジオストク経由で行くルートも存在した。

昭和30年代には全車座席指定列車が増える

寝台車を除いて、長く号車指定制を貫いてきた国鉄。しかし、昭和30年代に入ると、徐々に全車座席指定制の列車が登場するようになりました。

昭和31年（1956）10月、上野〜日光間に準急「日光」が登場しました。この列車は、競合する東武鉄道の特急に対抗するために、国鉄の急行以下の列車としては初めて全車座席指定制が採用されました。オールハザ（3等）の編成で、座席が指定された準急料金は60円でした。きっぷの発売箇所は、上野、東京、新宿の各駅と東京都区内の旅行案内所に限られ、上り列車のみ、日光、宇都宮の各駅と日光駅の旅行案内所でも発売されました。

昭和32年10月には、東京と大阪を結ぶ夜行急行「彗星《すいせい》」に1両だけハザが連結されました。この列車は寝台列車となっていましたが、緩急車《かんきゅうしゃ》（ブレーキをかける装置の付いた車両）となる最

国鉄初の全車座席指定準急「日光」。昭和34年９月にはデラックスな「157系」という電車に置き換えられた（鉄道博物館所蔵）

後尾の車両に寝台車の形式がなかったため、苦肉の策として「スハフ42形」（146〜150ページ参照）と呼ばれる緩急車が連結され、座席指定料金100円を要する座席指定車とされました。急行列車の指定席ハザのはしりです。

昭和33年になると、全国に気動車（ディーゼルカー）による優等列車が大幅に増発され、全車座席指定制の列車が相次いで登場しています。

8月には門司港・博多〜別府〜熊本・博多間に準急「ひかり」が登場し、混雑する休日とその前日のみ、座席指定料金2等（ロザ）200円、3等（ハザ）100円が適用されました。この列車はもともと4月に設定された臨時急行でしたが、九州内の特急・急行が本州からの直通列車しかなかったこの時代、急行料金は九州島内だけの短距離利用者には割高に感じられたことから、たちまち準急に格下げられたのでした。

「ひかり」の座席指定が大変好評だったことから、9月には国鉄本社レベルで正式な座席指定料金が設定され、料金は2等が200円、3等が100円となりました。

昭和34年には、東海道本線の準急や伊豆方面への準急にも全車座席指定列車が登場しています。東海道本線では、東京〜名古屋間の「新東海」、名古屋〜大阪、神戸間の「伊吹《いぶき》」が登場。「新東海」は「東海」、「伊吹」は「比叡《ひえい》」と運転区間が被《かぶ》っていましたが、全車座席指定制の列車ということで、差別化するためにわざわざ列車名を変えていました。

伊豆方面の準急は、それまで準急券の発売制限や一部列車の号車指定制で定員乗車を維持してきましたが、4月にすべての列車が客車から電車に置き換えられたのを機に、一部の週末運転列車を除く全列車が全車座席指定となりました。

昭和35年になると、北海道にも全車座席指定列車が登場しています。函館と札幌を室蘭本線、千歳線経由で結ぶ気動車急行「すずらん」がそれで、小樽経由より30キロ以上長い距離を走るにも関わらず、初めて函館〜札幌間を5時間で結ぶ俊足を誇りました。

これら昭和30年代に登場した全車指定制列車の共通点は、比較的始発駅から終着駅まで乗り通す客が多いことでした。この場合、座席割当ての区間を細かくする必要がないので、台帳による手作業販売に好都合でした。旅客の動きが一定しているので、昔ながらの方法で発売駅間でのきっぷの融通がしやすいというメリットもありました。

しかし、昭和30年代後半に入り、編成の一部だけに指定制を導入する列車が増えてくると、手作業販売では追いつかなくなり、コンピューターによる電算販売が加速しました。

昭和39年10月に開業した東海道新幹線は、「ひかり」「こだま」ともに全車指定制が採用されましたが、各駅停車タイプの「こだま」の座席割当てが想定以上に細かくなってそれまでの販売方法が難しくなったことから、同年12月には「こだま」のみ自由席が設けられるという顛末もありました。当時、在来線の特急は全車指定席が基本でしたから、新幹線の自由席設定は異例中の異例ともいえる措置でした。

座席指定列車が増えたのは車両費の〝ツケ〟を払うのが目的!?

さて、ここからちょっとうがった見方をしてみたいと思います。なぜ、昭和30年代に入って座席指定列車が増えたのでしょうか。

準急「日光」が登場する少し前の昭和29年（1954）末から昭和32年にかけて、日本は「神《じん》武《む》景気」と呼ばれる好景気に沸きました。重工業を中心とした企業の設備投資も進み、昭和30年には戦前の経済水準を超えたと言われ、翌年の経済白書には「もはや戦後ではない」という文字が躍るようになりました。電気冷蔵庫、電気洗濯機、白黒テレビが家電三種の神器《じんぎ》と謳《うた》われるようになったのもこの頃からです。

豊かな世の中になると、旅行需要が旺盛になるのは自然の流れです。昭和39年に海外への一般渡航が解禁される前のことですから、伊豆や日光のような日本の代表的な観光地には多くの人が集まりました。国鉄が陸の王者と言われた時代ですから、必然的に行楽地への列車は混雑するようになり、着席が保証される指定席の需要が高まるのも頷けます。大正時代、第一次世界大戦の戦争特需に沸いた日本で国鉄の利用が増えたことがありましたが、その状況にとても似ています。

一方、国鉄側にしてみれば、座席指定料金というのは料金収入を増やしやすい手段でした。これは、急行料金や準急料金も同じことで、昭和30年代に入るとこれまで料金不要で運転されていた現在の快速のような列車が、次々と料金が必要な準急に格上げされていったのです。この性急ともいえる動きは、増発に次ぐ増発で逼迫する車両製造費の問題が背景にあったようです。

昭和31年3月、国鉄は東海道本線の急行に3等寝台車（ハネ）を復活させました。このときに製造された「ナハネ10形」と呼ばれる車両は、国鉄で初めて「民有車両」という制度で製造されたものでした。

民有車両とは、いわゆる〝リース〟です。新製当初は車両を製造した会社に国鉄がリース料を支払い、5年を目途に債務を償還し買い上げるという制度でした。

国鉄の予算は、当然、国会の承認が必要です。しかし、翌年度の車両増備計画を策定しても、承認が下りるのは前年度末の3月が常なので、それからメーカーに発注していたのでは秋のダイヤ改正に間に合いませんし、長期的な増発計画を練るにも支障が生じます。

そこで、国鉄は予算の承認が下りることを担保にして債務を負う形で車両を製造する方法を採りました。これを「債務負担行為」といいます。いわば〝ツケ払い〟です。なかには、車両製造名目ではない建設費から予算を捻出して車両を製造することもありましたが、急激な列車増発はそれでも追いつかなかったのです。

当面は債務を負うが、いずれは自分のものになる民有車両制度や債務負担行為は、予算執行の自由に乏しかった国鉄には好都合でした。この制度は昭和30年代後半に入ると急速に普及し、[注]東海道新幹線最初の車両である0系もこういった方法で製造されたほどです。建設費が予想外に逼迫し、世界銀行から多額の借款を余儀なくされた国鉄にとって、ツケ払いは救いの神でもあったようです。

その結果、昭和40年代半ばになると、国鉄の車両製造は国会の承認を経た「本予算」名目による製造が珍しくなりました。

こうした体質が続くと、国鉄は、常にツケの支払いに追われるようになるので、必然的に、比較的設定に自由度の高い料金収入に頼らざるを得なくなります。昭和44年5月にグリーン料金が制定されたことも、昭和40年代後半に入って特急が大幅に増発されたことも、ツケ払いに頼った国鉄が料金という名の〝打ち出の小槌〟を作り出そうとした裏返しとも言えるのではないでしょうか。

（注）▼東海道新幹線最初の車両である0系もこういった方法で製造……昭和38年に開かれた第43回通常国会参議院運輸委員会で、当時、国鉄副総裁だった磯崎叡《さとし》が新幹線の経費に対する質問に対して「車両費その他につきましては、できる限りいわゆる民有車両制度をとりまして、車両会社にある程度協力を仰ぎまして、いわゆる延べ払いの方法でもってその穴を埋めていく」と答弁している。東海道新幹線の建設費が想定外に膨らんだことが、国鉄がツケ払いに依存する体質をつくる契機になったともいえる。

寝台車が座席車に早変わり――〝ヒルネ〟の始まり

〝ヒルネ〟という言葉をご存知でしょうか。漢字にすると「昼寝」。東京〜九州間に寝台特急が多数運転されていた時代、夜が明けて朝7時を境に寝台車が座席車として利用されるようになったことから、この渾名《あだな》が付いたようです。もちろん正式な用語ではなく、時刻表などにも掲載されていません。正式には寝台車の昼間使用ということです。

昭和30年代に入るまで、寝台車は寝台利用客だけのものであり、翌朝、その客が途中の駅で降りても、寝台は空いたままにされていました。東京〜九州間の場合、急行はもちろん、昭和31年（1956）11月に登場した東京〜九州間の夜行特急「あさかぜ」もまだ全車寝台ではなく、座席車も多く連結していましたから、それでもよかったのです。

しかし、昭和33年10月に「あさかぜ」が「20系」と呼ばれる新型客車に置き換えられると、寝台車の比率が高くなったので、夜が明けてから乗って来る客で数少ない座席車が混雑するようになりました。

そこで昭和36年6月から始められたのがヒルネでした。

寝台車の昼間座席使用が始まったのは20系時代の「さくら」からだった（鉄道博物館所蔵）

対象になった列車は、『国鉄乗車券類大事典』（JTB刊）によると、東京〜長崎間の特急「さくら」で、下りは下関→長崎間、上りは静岡→東京間で実施されたということです。当時の「さくら」は荷物車1両を含む14両編成で運転されていましたが、2等座席車（ハザ）は2両（博多〜長崎間は1両）のみ。下りの場合、長崎着が12時25分で、九州に入ると夜明けと言うには遅い時間になっていました。寝台券不要で寝台車に乗ることができるヒルネは歓迎されたでしょうし、国鉄にしてみても、空いた寝台を有効利用して増収を図れるので一石二鳥でした。

かつて、寝台の使用は21時から翌朝7時までという決まりがありました。7時を過ぎると、「乗客掛《じょうきゃくかかり》」（後の「車掌補」）と呼ばれる乗務員が寝台を格納し座席状態に転換します。寝台客が使っていたシーツや毛布、枕も片付けられ、ヒルネに備えました。

当時、東京〜九州間の優等列車のきっぷ販売はすべて手作業だったので、いちいちヒルネだけのために事前に指定席特急券を発券することはせず、車掌が空席を確認したうえで車内販売されていました。

特急におけるヒルネの扱いは、昭和43年10月のダイヤ改正から、寝台使用後は立席特急券(注)（自由席特急券と同額）、寝台使用前は指定席特急券を必要とするルールに変更されていますが、現在、実施されているのは「あけぼの」の羽後本荘〜青森間のみとなっています。

これまで実施されてきたヒルネで一番ユニークだったのは、上野〜札幌間の特急「北斗星」でした。2往復設定されていた平成20年（２００８）3月改正までは、下り「1号」の函館→札幌間で開放B寝台がヒルネの対象となっていました。「北斗星1号」の函館発は4時47分ですから、ヒルネの開始時間にしては早すぎですが、50歳代以上の鉄道通の方ならこの時間帯にピンと来るはずです。青函連絡船が存在していた時代、深夜便から接続する札幌方面の特急、急行がこの時間帯に発車していたのです。昭和63年3月に青函連絡船が廃止されても、この早朝4時台発の札幌方面への優等列車の需要はそこそこあったようで、これに対処したわけです。

　ただし、早朝からすべてのB寝台車でヒルネの扱いを始めてしまうと、函館以北への寝台客に支障が出るため、1両だけを函館までの寝台客に割当て、そこに函館からのヒルネ客を乗せていました。

　なお、上りでは「北斗星2・4号」の札幌→函館間で指定席特急料金によるヒルネ扱いを行なっていましたが、こちらは並行する特急「北斗」の停車駅が増えた平成2年3月改正で廃止となっています。このヒルネを利用して割高な寝台料金を払わずに「北斗星」の食堂車〝グランシャリオ〟で食事を楽しみ、函館到着後に下りの急行(注)「はまなす」で折り返すという酔狂な人もいたようです。

(注)▼**対象になった列車**……「さくら」のほか、特急「あさかぜ」「はやぶさ」「みずほ」、急行「霧島」などでも実施された。
▼**立席特急券**……全車指定席の特急で立席を条件に発売される特急券。料金は自由席特急券と同額。券面には「着席できません」と書かれているが、実際は空席があれば着席が黙認されることが多い。
▼「**あけぼの**」……上野～青森間を上越線、羽越本線経由で結ぶ寝台特急。首都圏と東北を結ぶ唯一の在来線特急でもある。
▼**急行**「**はまなす**」……青森と札幌を結ぶ客車急行。ＪＲ唯一の定期急行列車として注目を浴びているが、平成27年度末の北海道新幹線部分開業時の去就が注目されている。

特急の全車指定制が崩れたのは新幹線からだった

特急は「特別急行列車」の略であることは誰でも知っているでしょう。文字通り、普通急行があって、それとは別の〝特別な急行〟が「特急」であったわけです。現在、急行は青森〜札幌間の「はまなす」と臨時列車だけになってしまい、特急は特別な急行ではなくなってしまいましたが、少なくとも私の記憶では昭和40年代前半までは特別な急行として君臨していたと思います。

その特別である証が全車指定制でした。特急券を買えばおのずと席が指定され、着席が確実に保証されました。それが他の列車と差別化を図る大きな要素となっていたのです。しかし、昭和40年代に入ると、その伝統ある制度が崩れ始めました。きっかけは、昭和39年（1964）10月から運転を始めた東海道新幹線です。

開通当初の東海道新幹線は、途中、名古屋と京都に停車する速達タイプの「ひかり」が14往復、各駅に停車する「こだま」が16往復設定されました。これまで東海道本線で運転されていた電車特急が全車指定席であったことから、「ひかり」「こだま」ともそれを受け継ぎましたが、輸送力が新幹線開業前の5倍近くになったことから、指定席特急券の発売は困難を極めました。現在の

東海道新幹線開業当時に見られた「座席指定」の文字は鉄道博物館に展示されている0系新幹線車両で見ることができる

ように電算販売が普及していれば問題はないのですが、当時はまだみどりの窓口が開設されておらず、新幹線といえども手作業販売でしたから、短距離利用の多い「こだま」では、[注]指定席の割当て区間が細分化され、販売が追いつかないという事態を迎えていたのです。

そこで、国鉄では昭和39年12月から期間を限定して「こだま」の2等車（ハザ）を自由席とする措置を採りました。ただし、これは現在のような列車を自由に選べる自由席ではなく、乗車する列車を指定するものでした。翌昭和40年5月には通年で自由席が設けられるようになり、1等車（ロザ）にも自由席が登場しています。列車指定のない自由席が設けられたのは、昭和40年10月のダイヤ改正からでした。

この改正では、在来線の特急でも2等車の[注]末端区間を自由席とする措置が採られるようになりましたが、新幹線と接続する山陽本線の特急では、全区間が自由席となるハザが連結されるようになっています。

（注）▼指定席の割当て区間が細分化……初期の「こだま」は、東京〜熱海間で伊豆方面への利用者が多かったため、全車指定席だと熱海以西で空席を有効活用できないという問題もあった。
▼末端区間……おもに、下りの長距離優等列車の終着駅に近い区間を指す。長距離優等列車の場合、全般的に下りの末端区間で乗客が少なくなることが多い。

エル特急の登場後、貴重になった全車指定列車

昭和40年（１９６５）10月のダイヤ改正で、在来線の特急にも自由席付きの列車が登場したとはいえ、主要線区の特急は基本的に全車指定席で、下り列車の末端区間が2等車（ハザ）のみ自由席になるものが主流でした。しかし、昭和45年10月のダイヤ改正で特急主体の増発に転じると、全区間自由席を連結する特急が目立ってきました。

その裏には先に触れた民有車両制度や債務負担行為による車両の調達がありました。昭和46年時点で、国鉄車両の新製車は１００パーセントこれらの方法によって賄われる状況になっていました。急行より客単価の高い特急を新設して、できるだけ早く債務の返済に充てたいという意図があったのではないでしょうか。

とはいえ、安易に急行を切り捨てるわけにもいきません。昭和45年時点で急行型気動車の代表であるキハ58系の初登場から9年、急行型電車の代表である１６５系電車の初登場から7年……寿命というには早過ぎます。そこで、多い本数、自由席でいつでも利用できる、急行と似たようなメリットを売りにした特急を[注]「L（エル）特急」というひとつのグループとして売り出し、特急のさらなる利用をアピールしました。

その契機となったのは、昭和47年7月に運転を開始した房総特急「わかしお」「さざなみ」でした。特急といえば、２００キロ台の距離から運転されるのが常識であった時代、外房線経由で運転する「わかしお」は最長で１３２・５キロ、内房線経由で運転する「さざなみ」は最長で１３９・６キロ。所要時間で急行に差を付けるにはあまりにも短いにもかかわらず、特急料金は急行料金の3倍以上となってしまいました。これでは利用客の理解を得られません。そこで、割安な自由席を連結し利用促進を図ったわけです。

特急に乗ってもらわなければいけない理由はもうひとつありました。それは、昭和50年に控えた山陽新幹線の博多開業です。山陽新幹線が博多まで延びれば、並行する在来線の特急が全廃されるため、ここで使っていた特急型車両の転用先が必要になります。すでに「こだま」形で名を馳せた181系電車は、上越線の「とき」や中央本線の「あずさ」に転用されていましたが、「つばめ」「はと」などに使われていた485系や581・583系は、九州や北陸への転用を余儀なくされます。すると転用先では必然的に急行を格上げした特急が増えていきました。

昭和50年代に入るとその傾向は一層強くなり、昭和53年10月のダイヤ改正では、これまで全車指定席を維持していた「おおぞら」「北海」「いなほ」「みちのく」「白鳥」といった特急までが自由席を連結するようになり、全車指定席で運転される特急は信越本線の季節列車「そよかぜ」だけという事態になりました。

昭和42年3月に登場以来、全車指定席を維持していた函館本線の特急「北海」も、昭和53年10月の改正で自由席が連結されるようになった（日本国有鉄道刊『日本国有鉄道百年 写真史』より転載）

東海道・山陽新幹線でも、昭和47年3月の岡山開業に伴うダイヤ改正で、全車指定席の「ひかり」に3両の全区間自由席が設けられたくらいですから、昭和50年代の全車指定列車は、夜行列車を除けばかなり貴重な存在でした。

そんななかで全車指定列車として孤軍奮闘して

いた昼行列車が皮肉なことに急行でした。仙台と青森を結んでいた電車急行「くりこま1・6号」がそれで、昭和53年10月当時、昼行の東北本線の定期列車では唯一の全車指定列車でした。まだ、東北新幹線も津軽海峡線もなかった時代、「1号」は北東北から道南、道央へ、「6号」は道央、道南から北東北へ、その日のうちに到着できる便利な列車であったからで、かなりの人気を集めていたのでしょう。

しかし、この列車も次の昭和55年10月改正では自由席が連結されるようになり、東北本線の昼行全車指定列車は皆無となりました。それどころか全国の在来線の定期昼行列車からも全車指定列車がなくなったわけですが、国鉄最後のダイヤ改正となった昭和61年11月改正では、青函連絡船の深夜便に接続する函館～札幌間の特急「北斗1・16号」が、久しぶりの全車指定列車となりました。これは、改正前まで倶知安《くっちゃん》、小樽経由で運転されていた函館～札幌間の特急「北海」が廃止されて、その分を「北斗」の増発に回した結果、早朝深夜発着の「北斗」の本数に余力が生まれたためで、指定席の需要が多い札幌までの長距離客と、自由席の需要が多い途中停車駅までの短距離客を分散させる効果がありました。

（注）▼L（エル）特急……『国鉄監修時刻表』によると、ネットダイヤ化された特急のニックネームで、L（エル）とは「次から次へ出る特急の愛称」とされている。発車時刻が毎時00分、30分というようにわか

りやすく、自由席が2〜3両連結されている特急が対象で、最初は東北本線の「ひばり」、上越線の「とき」、外房線の「わかしお」、内房線の「さざなみ」、山陽本線の「つばめ」「はと」「しおじ」、常磐線の「ひたち」、信越本線の「あさま」が指定された。

座席で差別化を図り始めた着席保証だけではない指定席

昭和48年（1973）春、私は初めて東京旅行に行きました。札幌から急行「ニセコ1号」に乗車したときのことです。3号車の指定席・スハ45形に乗車した途端に母が発したこのひと言が今でも忘れられません。

「指定席なのに自由席と同じ座席なんだね」

この言葉尻にはガッカリ感が溢れていました。昭和40年代まで、普通車の指定席は単に着席が保証されることに価値があると考えられていました。指定席料金はグリーン料金のような設備料金ではないですから当然と言えば当然なのですが、鉄道にあまり詳しくない人のなかには、特別料金を取るのに自由席と同じ座席であることに合点がいかない人もいたようです。

同じ座席ならまだましです。ひどいときは、自由席が急行型なのに、指定席は背ずりが垂直な一般型ということもありました。これではいくら着席保証の指定席であっても、我慢ならないレベルです。運用の都合とはいえ、国鉄時代にはこのような無神経とも思える扱いがいくつもありました。

昭和50年代に入ると、着席保証以外の付加価値を持った指定席が登場するようになりました。拙著『グリーン車の不思議』でも紹介しましたが、昭和55年10月に四国に登場したキハ28形５０００・５２００・５３００番代という車両です。

これらは、キロ28形、キロハ28形というグリーン車を普通車に格下げしたものでした。四国内の急行グリーン車の利用率が低下し、思い切って普通車指定席として開放したもので、普通列車で運用されるときは自由席となりました。

元グリーン車といっても、リクライニングシートを普通車と同じボックスシートに交換するという意地悪なことはしていません。せいぜい、背ずりに被せる白い布カバーをビニール製のものに換え、肘掛けのカバーを省略したに過ぎません。実質的にはグリーン車の大幅値下げとも取れ、末期的な赤字症状に悩む当時の国鉄としては例を見ない大出血サービスだったのではないでしょうか。

国鉄としては、急行の特急格上げが進むなかで、老朽化が進む急行グリーン車を廃止したかったのでしょう。昭和57年11月改正では夜行急行のグリーン車が、昭和60年3月改正では北海道と九州の急行グリーン車が全廃されました。

昭和60年の改正後、急行型車両の廃車が急激に進みましたが、廃車発生品と呼ばれるものは別の車両に転用できるため、JR移行後は、従来の座席をグリーン車のリクライニングシートに交換した指定席が登場しています。

代表的なものは、昭和62年9月に登場した新宿〜新潟間の快速「ムーンライト」と、昭和63年7月に登場した函館〜札幌間の快速「ミッドナイト」で、「ミッドナイト」には特急グリーン車用のリクライニングシートを使った「ドリームカー」という豪華な指定席がありました。北海道では、札幌〜釧路間の急行「まりも」にも「ドリームカー」が登場し、現在は青森〜札幌間の急行「はまなす」に使用されています。

平成時代になると、さらに豪華な指定席が現れています。新大阪〜長崎間の特急「あかつき」と新大阪〜西鹿児島（現・鹿児島中央）間の特急「なは」に連結されたもので、いずれも「レガートシート」と呼ばれました。

高速バスのような3列独立シートとなった特急「あかつき」の「レガートシート」

レガートシートは、３列独立のリクライニングシートが並び、シートは最大60度まで傾斜。さらにオーディオ装置や毛布のサービスもあるという至れり尽くせりぶり。国鉄時代のグリーン車よりはるかに豪華であるのに指定席特急券だけで利用できたのですから驚きでした。

その背景には、関西～九州間の優等列車が、昭和55年10月改正以後は寝台特急のみとなり、並行する山陽自動車道経由の高速バスが台頭すると、利用客は割高な国鉄を敬遠して軒並みバスへ流れたことにあります。国鉄からＪＲへ移行して、その危機感の現れが豪華指定席の登場につながりました。

夜行以外の特急にも自由席と差別化を図った指定席が登場しています。昭和62年12月、中央本線の特

キハ183形6000番代のお座敷指定席

急「あずさ」に登場した183系のグレードアップ車がそれで、シートピッチが広くなり、眺望性をよくするために座席の床面が嵩《かさ》上げされました。最近の特急型の新車では、シートはもちろん、内装も指定席と自由席とで区別するものが多くなり、指定席のお得感は高まっています。

近年の例では、平成12年11月、JR北海道の快速「エアポート」に、首都圏の普通列車グリーン車並みの豪華な「uシート」と呼ばれる指定席が登場。特急型車両でも指定席の座席交換が進み、シート幅やシートピッチを広げ、ヘッドレストが付いたものに変わっています。

座席の差別化でユニークなものとしては、前述の快速「ミッドナイト」に連結された「カーペットカー」

という指定席があげられます。お座敷列車のような車内にカーペットを敷いて、寝台車のように横になれるようにしたもので、毛布や枕も付いていました。「ミッドナイト」の指定席は、ドリームカーも豪華でしたが、満席になるのはカーペットカーからでした。

カーペットカーの好評に気をよくしたJR北海道は、これまでグリーン車として営業していたお座敷車両をカーペットカーの増結車両として連結。平成9年からは、青森～札幌間の急行「はまなす」にも14系客車を改造したカーペットカーを連結しています。また、宗谷本線の急行では、本来は団体用だったお座敷車両を指定席に使う例もありました。

平成11年には、キハ183形6000番代というお座敷車両を登場させ、特急「オホーツク」の指定席に使い始めています。この車両はJRの特急で唯一の掘りごたつ式の座席となっています。

これらの流れは、前述のように、並行する高速バスや航空機などの競合交通機関を意識したもので、着席サービス以外に指定席のお得感を高めることで、より客単価を高めようとする施策の現れだと思います。

国鉄末期に現れた〝会員制〟という名の全車指定列車

座席指定の列車に乗る場合は、乗車券のほかに、特急の場合は指定席特急券、急行の場合は急行券と指定席券が必要です。ところが、そのような〝枠組み〟とはかけ離れた会員制の全車指定列車が国鉄末期の一時期に運転されていたのをご存知でしょうか。

その列車は、新潟〜新宿間で運転されていた「ムーンライト」。この名を見てピンと来る人は多いはずです。現在も、同じ区間で運転されている夜行快速「ムーンライトえちご」の元祖なのです。

首都圏と新潟を結ぶ夜行列車は、昭和57年（1982）11月のダイヤ改正で急行[(注)]「佐渡」の夜行便が廃止されて以来、途絶えていました。新潟を経由する上野〜秋田間の夜行急行[(注)]「天の川」はこの改正後も存続しましたが、全車寝台編成でしたから座席車のみの「佐渡」とは明らかに性格が違います。

国鉄が「佐渡」の夜行便を廃止したのは、上越新幹線が開業し、在来線の座席需要が激減すると踏んだからでしょう。当時の上越新幹線は大宮発着だったとはいえ、上野〜新潟間が3時間台で結ばれるようになったわけですから、わざわざ6時間以上もかけて夜行の座席を利用するような客は少ないと考えていたようです。新幹線建設費の償還問題もありますから、できるだけ新幹線に乗ってもらって料金収入を稼ぎたいという思惑もあったのでしょう。

しかし、「ムーンライト」は、「佐渡」の廃止からわずか3年半後の昭和61年6月に最初の運転を始めています。この列車を発案したのは、国鉄本社ではなく、新潟鉄道管理局でした。当時の新潟局は、職員の提案制度によりガーラ湯沢スキー場の開発を手がけるほど営業活動が活発だっただけに、夜行をわざわざ復活させるという発想が浮かんだのも頷《うなず》けます。

それにしても、利用者減を見込んで廃止した夜行を、なぜ3年半で復活させたのでしょうか。急行「佐渡」の場合、上野～新潟間で普通車指定席を利用すると、運賃4300円＋急行料金1100円＋指定席料金500円（繁忙期）の計5900円が必要です。ちなみに、上越新幹線の普通車指定席を利用した場合は8000円でした（いずれも昭和57年11月当時）。

ところが、並行する関越自動車道が昭和60年に全通すると、西武バス、越後交通、新潟交通が共同で東京～新潟間の高速バスの運行を開始。運賃は片道5000円、往復9000円で、国鉄の急行より最高で片道1400円も割安となりました。国鉄にもQきっぷ(注)などトクトクきっぷの設定がありましたが、対象は新幹線のみで、片道に換算すると高速バスの倍近い価格でした。

座席の夜行を復活させようにも、新幹線中心のトクトクきっぷの枠組からは外れてしまいますし、かといって通常の運賃＋急行料金＋指定席料金という枠組では価格面でとても高速バスに対抗できません。

そこで、「ムーンライト」の価格は、高速バスより500円安い新潟〜新宿間片道4500円としました。その甲斐あってか乗車率は高く、客車3両で定員200人に対して1日平均の乗車数が193人と高い乗車率をマークしました。鉄道はバスにはない定時性が魅力であるものの、割高で利用を控えていた人が多かったことを物語っていました。

昭和63年３月に定期列車となった当初の夜行快速「ムーンライト」

「ムーンライト」が成功したのは、東京本位ではなく新潟本位で設定されたことも理由にあったようです。新潟発着の会員制としたため、東京側からの乗車はできませんでしたが、首都圏より所得水準が低い新潟側では、新幹線より時間がかかっても、まだまだ割安な移動手段が魅力的だったともいえます。

夜行バスに対抗する夜行列車が充分競争になることを証明した「ムーンライト」は、昭和62年から正式な臨時快速列車として運転開始。昭和63年からは定期列車に昇格しました。急行ではなく快速としたため、指定席券を購入すれば「青春18きっぷ」でも利用できるようになり、これも人気を博す要因となりました。この「ムーンライト」には「165系」という国鉄時代の電車が使われ、グリーン車の廃車発生品のリクライニングシートが設置されました。すでに165系は、国鉄時代のような債務負担がなくなっていたため、あえて急行にして料金収入を稼ぐ必要はなく、快速扱いにすることができたわけです。

現在の「ムーンライトえちご」は、老朽化した165系に代わって特急型の485系が使われていますが、夜行列車受難の時代にあっても格安な夜行の旅を提供し続けています。

（注）▼急行「佐渡」……昭和31年11月改正から運転を開始した上野〜新潟間の急行。当初は客車列車で、昭和37年6月に電車化されたものの、昭和57年11月改正で大幅に削減。上越新幹線が上野まで達した昭和60年3月改正で廃止となった。
▼夜行急行「天の川」……昭和38年6月から運転を開始。当初は上野〜新潟間の運転だったが、昭和47年3月改正で秋田まで延長された。昭和57年11月改正で登場した特急「出羽」と運転区間が重複するため、昭和60年3月改正で廃止された。
▼Qきっぷ……特急・急行の自由席を利用できる往復割引乗車券の総称。国鉄時代の昭和60年3月改正を機に登場した。ＪＲ移行後もしばらくはこの名称が残ったが、現在はＪＲ東日本の「伊豆フリーQきっぷ」に残るのみ。

指定席の価値観を変えたＪＲの新幹線

新幹線の全車指定制は、山陽新幹線が岡山まで延伸した昭和47年（１９７２）３月のダイヤ改正で「ひかり」に自由席が設けられてから、久しく実施されませんでした。

山陽新幹線の開業当時、新大阪〜岡山間だけで停車パターンが４種類設定されましたが、そのほとんどは東京から直通する「ひかり」でした。この区間の「こだま」もあるにはありましたが、下りは早朝、上りは夜間に限定されていましたから、日中の山陽新幹線はすべて「ひかり」。新大阪〜岡山間ノンストップの「ひかり」もあれば各駅停車の「ひかり」もあったので、関西ではいつしか各駅停車の「ひかり」のことを〝ひだま〟(注)と呼んだりしたのだとか。

同じ「ひかり」でも、新大阪〜岡山間のノンストップ便が全車指定席で、各駅停車便には自由席が付いていているということになると、利用者は戸惑ってしまいますし、指定券を発売する際の運用も面倒です。一律に「ひかり」に自由席を設けたのは理の当然でした。

この〝ひだま〟現象は、昭和50年代に入ってさらに顕著になります。

昭和51年7月改正では「ひかり」の新横浜停車や静岡停車を実施。それから約４年後の昭和55年10月改正では「こだま」の本数が削減され、その分、増発された「ひかり」の一部が小田原、浜松、豊橋、岐阜羽島にも停車するようになりました。「ひかり」と「こだま」の差は、さらに縮まり、「ひかり」の自由席はなくてはならない存在になりました。

ところが、JR移行後の平成4年（1992）3月、最高時速270キロ、東京～新大阪間2時間30分という高速性が売りの「のぞみ」が登場すると、東海道新幹線に全車指定席が復活しました。東京～新大阪間の特急料金が通常より950円も高く、下りの一番列車が新横浜には停車するのに、名古屋と京都を通過するという当初の「のぞみ」はかなりの話題になりました。その「のぞみ」が11年半後には「ひかり」と同じ道を辿ったのです。

平成15年（2003）10月のダイヤ改正では、東海道新幹線の全列車が時速270キロに対応した300系、700系に統一されたことから、「のぞみ」の運転本数が1時間当たり最大7本と大幅に増えました。反面、「ひかり」は2本、「こだま」は3本となり、新幹線の長距離客はいやでも「のぞみ」を利用せざるを得なくなりました。そこで自由席が設けられることになったのです。

とはいえ、自由席の両数は、「ひかり」「こだま」が4～7両であるのに対して「のぞみ」は3両と少なく、全車指定席時代の片鱗を感じさせてくれます。

一方、東北新幹線では、開業以来、一部の「やまびこ」を除いて自由席が連結されていました

運転開始初日の「はやて」。現在も全車指定席が維持されている

が、平成14年12月に八戸まで延伸したのを機に新設された東京～八戸間の「はやて」を全車指定席としました。「はやて」に併結される秋田新幹線の「こまち」も全車指定席化され、自由席を連結した列車が設定されていない盛岡～八戸・秋田間を乗車する場合でも、指定席特急券が必要になりました。もし、指定席が満席の場合は、この区間用に空席への着席に限定した特定特急券が発売されるようになっています。

国鉄時代は自由席があるのが常識だった新幹線に、なぜJR時代になって全車指定席の列車が登場するようになったのでしょうか。

そのひとつには、プレミア感の演出があるのではないでしょうか。

「のぞみ」の場合、これまでの新幹線にはない特別な列車という価値観を演出するため、本来着席を保証するための指定席制を、差別化の一手段として捉えました。運転開始当初の「のぞみ」は、東海道新幹線開業時の「ひかり」と同じく1時間に1本と少なかったことも差別化を図る大きな要因で、そのために、「ひかり」「こだま」と別枠の割高な特急料金まで設定されていました。

もうひとつは、JR東日本で実施されている車内改札省略化の動きです。

車内改札は乗客にとっても、車掌にとっても煩わしいものです。これを省略するため、磁気化された特急券と自動改札機を連動させて、改札を通った各駅の指定席特急券の情報が駅構内のLAN（Local Area Network）を通ってサーバーに蓄積されるようにしました。車掌が端末から情報を確認すれば、わざわざ乗客にひと声かけることなしに座席の占有状態を把握できるわけで、これには全車指定席という仕組みがぜひ必要なわけです。間接的に指定席のシステムを活用して、JR、乗客双方のメリットになる便法を実現したという点で、指定席の価値観を変える動きと言えるでしょう。

一方、JRの在来線では、平成3年3月に運転を開始した成田空港へのアクセス特急「成田エクスプレス」と、平成6年9月に運転を開始した関西国際空港へのアクセス特急「はるか」が全車指定席となりました。「はるか」は平成10年12月から自由席が連結されるようになり、「成田エクスプレス」「日光」「きぬがわ」「スペーシアきぬがわ」「スーパービュー踊り子」「指宿の玉手箱」「あそぼーい!」「ゆふいんの森」といった昼行の定期在来特急で全車指定席を維持しています。これ以外では、前述の「ムーンライトえちご」や「ムーンライトながら」といった夜行快速、臨時のSL列車や観光列車が全車指定席となっていますが、座席車付きの定期夜行列車が特急「サンライズ瀬戸・出雲」と急行「はまなす」のみとなっている今となっては、在来線の全車指定席はかなり稀少な存在になっています。

(注)▼ひだま……山陽新幹線博多開業後に「ひかり」に抜かれる「ひかり」が登場してから、この隠語が登場したという説もある。

Column

北海道の急行にロングシートの指定席があった

ロングシートというと、首都圏では通勤・通学列車用の座席というイメージが強いでしょう。それを、特別料金を取る座席指定車に使うとは想像できないと思います。過去に、房総半島を走る臨時急行列車に「キハ35系」という、オールロングシートの気動車が使われたことがありましたが、さすがにこれは自由席扱いとなっていました。

ところが、北海道では、函館～札幌間で運転されていた「すずらん」という急行でロングシートが指定席に使われていた可能性があったのです。

この急行のルーツは、戦後まもなくに横浜・東京～札幌間に設定された進駐軍専用列車の一部で、昭和29年（1954）10月には日本人も利用できる列車となり「洞爺」と命名。昭和31年11月に一般の急行となったのを契機に「すずらん」に改称されました。このときは蒸気機関車が引く客車列車でしたが、昭和35年7月に「キハ55系」と呼ばれる準急用の気動車に置き換えられました。これを契機に「すずらん」は北海道初の全車座席指定急行に生まれ変わり、函館～札幌間は客車時代より1時間以上ものスピードアップを果たしました。現在でいえば特急「スーパー北斗」のような存在だったのです。

ただ、キハ55系は、もともと北海道用に設計された車両ではなかったため、厳しい冬には不安がありました。案の定、11月上旬にはダウンし、冬期間は2等車（ハザ）のみ、北海道用に最初から耐寒・耐雪装備を施した「キハ22形」という車両に置き換えられました。

小樽市総合博物館のキハ22形に残っている座席番号付きのロングシート。写真はトイレ側にある3人掛け席で、反対側の車端部には2人掛けのロングシートが2区画ある

それ以前から、キハ22形は札幌〜旭川間の「かむい」、札幌〜室蘭間の「ちとせ」といった準急に使われていましたが、普通列車に使用されることも多く、デッキ付近の席は2人掛けのロングシートになっていました。ボックスシート部分には座席番号札が付いているので、指定席に使われていた痕跡がひと目でわかりますが、なんと、ロングシート部分にも座席番号札が付いていたのです。

キハ22形が急行「すずらん」に使われていた時期は短く、翌年3月末には、オールボックスシートの「キハ27形」と呼ばれる急行型気動車が連結されるようになり、やがてキハ55系は本州へ転属。次の冬は急行型による運転が継続されています。

私は昭和35年生まれなので、キハ22形に初めて乗車したのはこのときからずっと後のことでした。ですから、すでに自由席にしか使われなくなっていたキハ22形に座席番号札が付いていたことを不思議に思っていました。まして、それがロングシート部分にも付いていたので「団体利用の際に番号札があると、整理上、なにかと都合がよかったからではないか？」という程度にしか思っていませんでした。

こうした状況証拠が揃っていながら、キハ22形のロングシートが指定席に使われていた確証を掴むことはできていません。当時の指定席急行券を発掘するか、実際に乗車した方に話を聞くことができればベストなのですが、本書の締切までには叶いませんでした。仮に指定席として使われていたとしても、実際はボックスシート部分を優先的に指定して、ロングシート部分は満員の際の予備席程度にしか使っていなかったことも想像できます。混雑する年末年始には、乗れるだけマシという気持ちで、指定席のロングシートを充てられても文句を言う人はほとんどいなかったのかもしれません。

第二章　座席予約の進化

徹夜組まで出た昭和の指定席争奪戦の思い出

ＪＲの座席指定サービスは、いまや、みどりの窓口でお馴染みの「ＭＡＲＳ（マルス）」（Multi-Access Reservation Systemの略）と呼ばれるコンピューターシステムなくしては成り立たなくなっています。この章では、マルスとそれ以前の指定券販売システムに触れながら、座席予約システムの進化を追ってみたいと思います。

現在、指定券類の購入は、駅の自動券売機でもできる時代です。インターネットでも携帯サイトでも購入できるので、わざわざ駅まで行って満席を知り、無駄足を嘆くことは少なくなったのではないでしょうか。

私が物心ついてから初めて指定券を買ったのは、昭和40年代の後半だったと思います。その頃は、実際にみどりの窓口まで行かないとどうにもなりませんでした。

当時、私がよく出入りしていた札幌駅は、南口から向かって左側に指定席券専門のみどりの窓口、右側に一般のきっぷを売る出札窓口がありました。小学生だった頃の私は、急行ですら指定席に乗ることなど思いもよらなかったですから、みどりの窓口は、学校の職員室と同じような特別な場所に思えたものです。

みどりの窓口での緊張感は、係員に申込用紙を渡し、「端末」と呼ばれる装置を操作した後にピークを迎えます。結果表示のランプが緑なのか、赤なのか……緑であれば空席あり、赤であれば満席。その間の数秒の空白が異様に長く感じられたものです。緑が点滅したときの喜びは〝筆舌に尽くしがたい〟という言葉がぴったりきますが、赤が点滅したときはまさに〝奈落の底〟。今思えば、高校や大学の合格発表で合否を確認するときの気分と同じ感じです。

赤ランプの悲劇は、学校が休みになる春、夏、冬のシーズンが一番多かったような気がします。昭和48年（１９７３）の春、私は母と初めて札幌から東京へ旅行に行っています。その際、指定券を買おうとみどりの窓口へ行ったところ、函館までの全優等列車と青森から接続する寝台特急はすべて赤ランプ。かろうじて「八甲田」や「十和田」といった急行のハザは緑ランプが点りましたが「青森から寝台でなければ旅行は中止」と言い張る母の手前、どうしても寝台特急の指定券を確保したかったのです。

結局、このときは、窓口では埒が明かず、マルスのない某駅の係員にお願いして、親子２人分の急行「ニセコ１号」と特急「ゆうづる４号」の指定席券、寝台券を確保してもらいました。これは、おそらく、キャンセル分を優先的に回してもらった結果だと思います。

昭和48年頃といえば、東北の優等列車は輸送のピークに達していて、上野〜秋田間の特急「つばさ」のきっぷなどは、いつ駅へ行っても赤ランプというプラチナチケットになっていました。ですから、裏から手を回さない限り、東北の人気列車の指定券は購入できないと言っても過言ではなかったような気がします。

そんな状況でしたから、混雑する時期の指定券は徹夜して購入するのが常識になってしまいました。

昭和44年7月26日付の朝日新聞には、徹夜で1週間後発売の指定券を買うために、上野駅でゴロ寝している人々の姿が載っていますが、実際、札幌駅でも、みどりの窓口の前に何十人もの人が希望の指定券目当てに、レジャーシートを敷いて徹夜していました。もちろん、私もその仲間に何回か入ったのは言うまでもありません。

ただし、土地柄、冬は凍死しかねないので待合室が開放されました。すると、ホームレスやヤクザ関係の皆さんも大勢集まってくるので、冬の深夜の待合室は異様な空気に。治安の悪化が懸念されたので、鉄道公安職員（現・鉄道警察隊員）が巡回していましたが、駅側も無用なトラブ

昭和40年12月頃、東京駅で年末年始の指定券を買うために泊まり込む人々

ルが発生することを嫌って、やがて前日に整理券を配っていったん帰宅させ、翌朝から整理券順に受け付ける方式に改めています。

徹夜明けの翌朝、係員が出てきて窓口まで案内されます。早朝に集まった人も加わって、1週間前予約のマルス(注)が稼働する直前の8時台には、みどりの窓口がお祭り状態になりました。いくつかの窓口に列が分けられ、係員が事前に申込用紙を集めて、9時の予約スタートから一斉に端末を操作しますが、なにせ全国の駅で同じ操作をするわけですから、タッチの差で赤ランプが点る申込みもあり、徹夜が徒労に終わるのではないかとドキドキしたものです。

北海道～本州間の場合、私は青函連絡船の指定席グリーン券も同時に申し込んでいましたが、列車優先ということで連絡船は常に後回しにされました。確かに、タッチの差で赤ランプが点滅するような状況では、人気のない席は後回しにされるのは当然です。

現在では、ＪＲの指定券を購入するのに徹夜をすることはまずなくなりましたから、この時代はさぞ苦しかったのでは？　と思われるかもしれません。ただ私自身は、この徹夜がある種の風物詩で、楽しみでもありました。新型ｉＰｈｏｎｅ（アイフォーン）が出るたびに、アップルストアの前に並ぶファンと同じ気持ちとでも言うのでしょうか。苦労して購入できたときの達成感が忘れられないのでしょうね。

（注）▼１週間前予約……国鉄～ＪＲの指定券類が現在のように１カ月前発売になったのは、昭和55年10月のダイヤ改正から。ただし、１週間前発売時代でもグループ客には２カ月前発売を行なっていた。

停車駅間できっぷを融通し合っていた初期の指定券販売

昭和の高度経済成長期に徹夜組まで出た指定券販売。コンピューターがなかった昭和20年代以前はもっと大変だったのではないかと、誰しもが思うでしょう。しかし、列車の本数は現在よりはるかに少なかったですし、座席指定が必要な列車は、寝台車を連結する一部の夜行列車と号車指定だけの特急が中心という時代が長かったですから、区間ごとに座席を細かく割り振る神業的

大正12年7月に登場した3等特急「櫻」。この列車を契機に、座席指定から号車指定に変更され、各停車駅間で特急券を融通する方法に切り換えられた（日本国有鉄道刊『日本国有鉄道百年 写真史』より転載）

な芸当はさほど必要ではありませんでした。

それでも、コンピューターはおろか、電信や電話すら発展途上だった明治、大正期は、作業自体がなかなか煩雑だったようです。

第一章で触れた国鉄最初の特急は、号車指定ではなく個々の座席を指定する方式でした。方法は単純で、あらかじめ停車駅に特急券の枚数を割り当てておいて、売り切れればそこで発売を終了していたのです。

座席の指定は、特急が1本だけだった間はなんとか運用できていましたが、大正12年（1923）7月、東京〜下関間にオール3等（ハザ）による第二の特急（後の「櫻」）が登場すると、管理する座席数が大幅に増えたため、乗車日の4日前から号車指定を行なう方法に変更されました。

このときから自駅発売分が余れば他駅へ融通する方法が始まりました。その方法はどんな感じだったのでしょうか。

たとえば、東京発下関行き特急の座席が100席あったとします。始発の東京駅に50席が割当てられ、途中駅の名古屋に20席、大阪に30席ずつ割り当てられていたとして、東京駅は完売。名古屋分と大阪分が余った場合、東京駅はこの両駅へ融通の依頼をします。

もし、名古屋や大阪から完売の通知があったとしても、東京基準で言うと、途中駅まで余席が発生していることになりますから、東京↓名古屋間は20枚、東京↓大阪間は30枚までの特急券を販売できることになります。列車の発車まで満席にならなかった場合は、車掌へ空席状況を記した通知書が渡され、車内でも販売できるようにしました。

方法は単純といっても、大正時代に使えた実用的な通信手段は電報しかなかったため、各駅間の融通に相当の時間がかかり、割当分以外の特急券の購入には苦労したと思われます。

ちなみに、国鉄の無線通信は大正4年に関釜航路で使用されたものが最初で、現在の電話設備に近い搬送電話線は、大正15年、東京~沼津間にようやく敷設された程度でした。

高速で座席台帳がクルクル回転！　職人技が求められた乗車券センター

駅同士で空席を融通し合う方式がメインとなっていたのは、昭和24年（1949）9月、戦後初の特急「へいわ」が運転を開始した頃まででした。

昭和25年に入り「へいわ」を改称した「つばめ」に続く戦後第二の特急「はと」が運転を開始、さらに、客車指定券を必要とする特別2等車を連結した急行が登場するのを契機に、取扱い座席数の増大が見込まれたことから、この年の4月には東京と大阪に座席予約専門の部署として「割当掛」が新設されました。

割当掛は、特別2等車を連結した急行が全国へ波及するたびに増設され、昭和27年8月には「乗車券割当事務所」に改組。翌昭和28年には名古屋、昭和30年には仙台にも設置されました。号車指定をやめて座席指定を採用するようになった昭和30年代には取扱い量が急増したことから、昭和33年3月には札幌、静岡、金沢、広島、門司にも設置され、これを契機に割当事務所が「乗車券センター」に改組されました。

この時点で、1日の取扱い量は2万席、そのうち3分の1は東京乗車券センターに集中していました。

回転台の座席台帳と格闘する係員たち。鉄道電話がつながるとランプが点灯し、ヘッドセットを付けた係員が対応した（『日本国有鉄道百年 写真史』より転載）

さて、その乗車券センターで大活躍していたのが座席台帳とそれを載せる回転台(注)でした。その作業は壮絶を極めたそうです。

乗車券センターの勤務時間は9時から23時頃まで。その間、係員は、東海道本線系の列車を扱う「東海道台」、東北・常磐線系の列車を扱う「東北台」に分かれ、現在で言う通話用のヘッドセットのようなものを頭に取り付け、呼び出しランプのサインで各駅からの鉄道電話（自営の鉄道専用電話）による申込みに対応していました。申込みを受けるやいなや、回転する台に載っている約100冊ある台帳のなかから必要なものを即座に抜き出し、割当作業をしてからその結果を駅へ伝達。その後、再び、早業で座席台帳を回転台へ戻すという煩雑な作業を繰り返していたのです。

回転台は約8秒で1回転するほどの目まぐるしさで、以前、NHKで放送されていた「プロジェクトX」で、乗車券センターを映した映像を見たことがありますが、座席台帳を戻すというよりは、放り投げると言ったほうがよいほど荒っぽい作業風景に思えました。おそらく、あまりの目まぐるしさに、当の係員も嫌気が差していたのではないでしょうか。投げ損なって跳ね返ってきた台帳でケガをする係員もいたということです。

このような対応では、1件にかかる処理時間が短くても4分程度、長いと30分以上かかり、買う側はきっぷを手にするまで半日近くかかることもよくあったようです。そこで、乗車券センターへの照会を最少限に留めるため、予約が殺到する東京駅や上野駅に満員表示器を設置して、空席情報を駅や旅客に周知徹底する工夫が凝らされました。

また、駅から乗車券センターを直接呼び出すことができるのは、東京駅と上野駅に限られ、それ以外の駅からは満員になった列車を回答する「トーキー」と呼ばれる満員回答装置につなぎました。申込みの列車が満員の場合は自動的に門前払いとする仕組みだったのです。

乗車券センターへの電話申込みは、7桁の数字をダイヤルします。この数字は、各回転台への代表番号（東海道台の場合は491、東北台の場合は492）＋日付（二桁）＋等級の組合せによるもので、たとえば当月5日の下り「つばめ」2等の場合、「491‐05‐13」とダイヤルしていました。最後の13は「つばめ」の2等（ロザ）に付けられた固有の呼び出し番号です。これで、満員回答器を通過すれば、即座に係員が割当対応できるというわけです。

駅側では少しでも早くきっぷを発券できるよう、一定枚数を停車駅に割り当てる昔ながらの方法も並行して行なわれていました。しかし、この方法では、座席の割当に無駄が多いこと、東京駅など発売枚数の多い駅に客が集中し、一層混乱が増すといった問題もあり、抜本的な解決にはほど遠かったようです。

（注）▼回転台……回転台方式の座席割当作業は、昭和25年に国鉄の電気局有線課長だった小田達太郎が訪米した際、サンタフェ鉄道で視察したものが参考にされたようだ。

マルスの変遷①――発券は手書きだった電算販売の初号機・マルス1

回転台方式による座席割当は、列車増発が進むごとに複雑になり、いずれ破綻するだろうということは火を見るよりも明らかで、他の方法による座席管理を行なう必要があることは自明でした。

昭和25年（1950）に国鉄の電気局有線課長だった小田達太郎は、アメリカでの視察の際、回転台方式とともに、予約管理台帳を通信回線を介して自動で管理する「Ｉｎｆｏｍａｔ（インフォマット）」というシステムに着目していました。これは電話回線をデータ通信に使用していましたが、当時の日本の一般回線ではそれが許されていなかったため、自前の回線を持つ国鉄こそ、将来の座席管理の自動化を実現できる環境にあるのではないかと小田は考えていました。

その後、国鉄では昭和29年から鉄道通信委員会を設けて、鉄道へのコンピューターの導入を検討し始めています。そこで、コンピューターを座席予約システムに活用することを進言したのが鉄道技術研究所（現在の鉄道総合技術研究所）の穂坂衛らのグループでした。穂坂は小田と同様にコンピューターの先進国であった米国への留学経験があり、後に小田の電気局と合流。当時の十河《そごう》信二国鉄総裁の英断により、コンピューターによる本格的な座席予約システムの開発が昭和33年頃から進められました。そして、実現に至ったのが「マルス１」と呼ばれる国鉄初の電算予約システムでした。

マルス1は、米国アメリカン航空のＭＲＳ（Magnetronic Reservisor System）というシステムを手本とし、システムの製造・構築を日立製作所に発注。昭和34年7月に試験稼働が始まりました。以来、現在のシステムであるマルス５０１まで12ものシステムが登場しています。ここからは、そんなマルスの変遷について触れていきたいと思います。

鉄道博物館に保存・展示されているマルス1の中央装置

マルスシステムは、ホストコンピューターの役割を担う「中央装置」と、データの照会を行なう各駅の端末（マルス登場当初は「端局」と命名）が専用回線で結ばれており、中央装置と端末との情報のやりとりにより指定券を発券できる仕組みとなっています。

昭和35年1月18日に運用を始めたマルス1は、中央装置が東京乗車券センターに運ばれ、予約台帳の回転台がある部屋の片隅に端局が申し訳なさそうに置かれました。1日当たりの取扱い可能量は3600席、端局数は13でした。

現在のパソコンでよく使われているハードディスクのような記憶装置が実用化されていない時代でしたから、中央装置はデータ記録用に高速で回転する「磁気ドラム」を内蔵した巨大なもので、

●歴代のマルス

＊座席数、端末数は登場当初の数字

中央装置	稼働時期	座席数/1日	開発された端末	端末数
マルス1	1960～1964	3600	Z	13
マルス101	1964～1970	3万	Y（A B）、X	83
マルス102	1965～1973	10万	W、D	467
マルス103	1968～1973	20万	V	770
マルス201（団体用）	1969～1975	32万	G	80
マルス104	1970～1973	20万		950
マルス105	1972～1985	70万	N、NH、K、NC、DT、P、S	1300
マルス150	1975～1985	2万	プッシュホン予約専用	
マルス202（団体用）	1975～1985	60万	T	123
マルス301	1985～1993	100万	M、MⅡ、L	2900
マルス305	1993～2002	100万	MR、ME、MEM、MV	6100
マルス501	2002～	100万	MEX、MD、ER	8100

内部は２０００もの配線が複雑に絡み合っていました。

当時の国鉄はまだまだコンピューターに対して懐疑的でしたから、マルス１は試験的要素が強く、稼動当初は東海道本線の下り電車特急「第１・２こだま」（座席数１３４４／日）のみを対象としていました。同年６月１日には東海道本線の全特急が電車化されたことに伴い、下り「第１・２つばめ」（座席数１１６０／日）も対象となっています（ただし、「こだま」も含めて大阪寄りの特別座席車を除く）。この時点でトータル２３２０席／日となりましたが、それでも取扱い可能量の６割強に留まっています。

中央装置へ予約の注文を伝える端局は「Z型」と呼ばれていました。これには、A・B２タイプ

マルス1に対応するA端局には空席情報を表示する円形のモニターが付いていた

が存在しており、Aタイプには車両ごとの空席状況を図形表示できる円形のモニターが付いていました。

Aタイプは、東京乗車券センターのほか、東京、上野の各駅と日本交通公社本社に設置。Bタイプは新宿、渋谷、新橋、有楽町、横浜の各駅に設置され、昭和35年夏には名古屋、大阪の各駅にも設置されました。

どちらのタイプも現在のような発券機能はなく、中央装置から送られてきた座席割当情報を印刷して、それを通常のきっぷに転記する方式が採られていました。マルスで取り扱ったきっぷには「○○センター割当」といったゴム印が押されていました。

ちなみに、マルスが登場する前まで、座席を指定する番号にはさまざまなものがありましたが、昭和35年6月からは東海道本線の電車特急を皮切りに、現在のように「1番A席」というような数字とアルファベットの組合せに順次置き換えられていきました。これは、マルス1に座席配置図を記憶させる都合によるもので、昭和43年10月のダイヤ改正で完了しています。

マルス1は、1度だけシステムダウンを起こしたものの、座席割当時間はわずか30秒と、予約管理台帳だけに頼っていたときより大幅に短縮されました。昭和39年、後継のマルス101の登場により引退しましたが、その中央装置は鉄道記念物に指定。現在はさいたま市の鉄道博物館に保存されています。

マルスの変遷②──電算化されても座席台帳が必要だった新幹線

マルス1の欠点を補うために登場したのが、昭和39年（1964）2月に本格稼働したマルス101です。発券機能を装備し、1日当たりの取扱い量は3万席、端局数は83と飛躍的にスペックアップしました。本来なら「マルス2」となるところを、大幅な機能強化を「マルス1の100倍の力を発揮する」となぞらえて、100番代の名が与えられました。

発券されるきっぷは、基本的に電動タイプライターを制御して印字していました。ただし、印字できたのはカナと英数字のみで、漢字交じりで表記する列車名や駅名などは活字棒というハンコのようなものを挿して情報を送り、印字していました。国鉄の優等列車が停車する駅は100

乗車券センターに置かれたマルス101のCタイプ端末

0近くもあったため、活字棒の数は膨大でした。それだけに、よほど熟練した係員でないと探し出すのに苦労するという有様で、使い込むと印字面が擦れて文字が欠けてしまうこともありました。これらの問題は、座席の取扱い量が増えるにつれて深刻化していきました。

端局は「AB型」と呼ばれ、当初は首都圏を中心とした37カ所に設置。後に東海道新幹線と在来線との乗継割引に対応した「X型」が登場し、AB型は「Y型」に。端局は「端末」と改称されました。このとき、端末は一挙に173台となりました。

X型、Y型は、A・B・Cの3タイプが造られています。Aタイプの端末は一般窓口用、Bタイプの端末は主要駅や日本交通公社（現・JTB）用、Cタイプの端末は乗車券センター用で、Bタイプには号車や座席の

開設当時の東京駅みどりの窓口。マルス101・102に対応した端末がずらりと並んでいる（『日本国有鉄道百年 写真史』より転載）

指定機能や取消し機能が付いていました。

Cタイプはマルスがない駅からの発券依頼に応じて設置されたもので、端末自体に発券機能はなく、依頼内容を中央装置へ伝達するために使われていました。

当初は、下り特急「第1・2こだま」「はと」「第2つばめ」を取り扱いましたが、6月からは下り特急「ひばり」、下り急行「天の川」といった東北、上越系の優等列車にも進出。翌昭和40年3月には東京～九州間の寝台特急や東海道・山陽本線の急行寝台へ取扱いを拡大し、その機能をフルに発揮するようになりました。

ただし、昭和39年10月1日から運転を開始した東海道新幹線には未対応で、新幹線の指

マルスの中央装置を一括で管理した秋葉原の中央販売センター（『日本国有鉄道百年 写真史』より転載）

定席特急券は翌年まですべて手作業で販売されていました。これは、マルス101が1列4席以下しか対応していなかったこと（新幹線のハザは1列5席）、在来線と比べて座席数が飛躍的に増えて、マルスによる区間ごとの管理が難しいと思われたことが原因で、手作業発売では、窓口に座席台帳を抱えた係員が待機してきっぷを作成し、それを販売する係員にベルトコンベヤーで渡していました。この方法でも、きっぷの受渡しに3～4時間程度もかかるケースがあり、せっかくの夢の新幹線も窓口では苦情が絶えなかったそうです。

新幹線の指定券がマルスによる電算化販売に切り換えられたのは、新幹線ハザの1列5席に対応した「マルス102」からでした。

●「みどりの窓口」開設当時の設置箇所　（公）＝日本交通公社本支店

北海道・東北	札幌、（公）札幌、（公）北海道庁内、（公）札幌今井内、小樽、室蘭、函館、（公）函館、旭川、（公）旭川、帯広、釧路、（公）釧路、青森、（公）青森、盛岡、（公）盛岡、花巻、仙台、（公）仙台、（公）仙台東一番丁、（公）仙台藤崎内、福島、郡山、平（現・いわき）、弘前、秋田、（公）秋田、山形、酒田、会津若松
関東・甲信越	黒磯、宇都宮、日光、水戸、（公）水戸、高崎、（公）高崎、桐生、渋川、長岡、新潟、（公）新潟、軽井沢、長野、（公）長野、松本、直江津
首都圏	大宮、（公）浦和、赤羽、上野、（公）上野、（公）浅草松屋内、（公）亀戸、（公）仁丹ビル内、御徒町、秋葉原、神田、（公）神田、（公）駿河台、（公）京橋、（公）日本橋高島屋内、（公）日本橋三越内、（公）堀留、（公）東銀座、東京、（公）本社内、（公）丸ビル内、（公）国際観光会館内、有楽町、（公）有楽町、（公）内幸町、新橋、（公）虎ノ門、品川、五反田、目黒、渋谷、新宿、（公）新宿、高田馬場、池袋、（公）池袋、北千住、浅草橋、両国、錦糸町、千葉、御茶ノ水、飯田橋、中野、阿佐ケ谷、荻窪、吉祥寺、立川、八王子、大井町、大森、蒲田、（公）蒲田、川崎、（公）川崎、横浜、（公）横浜、新横浜、大船、鎌倉、（公）横須賀、小田原、（公）小田原
東海・北陸	熱海、（公）熱海、伊東、三島、沼津、清水、静岡、（公）静岡、浜松、（公）浜松、豊橋、（公）豊橋、熱田、名古屋、（公）名古屋駅前、（公）名古屋豊田ビル内、（公）名古屋駅内、（公）名古屋松坂屋内、（公）名古屋栄町、尾張一宮、岐阜、（公）岐阜、四日市、千種、岐阜羽島、富山、高岡、金沢、（公）金沢、動橋、大聖寺、福井、敦賀
近畿	米原、彦根、大津、京都、（公）京都駅前、（公）京都駅内、（公）京都朝日ビル内、新大阪、（公）新大阪駅内、大阪、（公）梅田、（公）新阪神ビル内、（公）中之島、（公）大ビル内、（公）本町、（公）安土町、（公）北浜、（公）大阪高島屋内、（公）大阪大丸内、尼崎、芦屋、三ノ宮、（公）神戸三ノ宮、神戸、明石、加古川、姫路、（公）姫路、京橋、玉造、鶴橋、天王寺、（公）天王寺、湊町（現・JR難波）、放出、奈良、白浜、東和歌山（現・和歌山）、（公）和歌山、福知山
中国・四国	岡山、（公）岡山、（公）岡山天満屋内、宇野、倉敷、福山、尾道、三原、呉、広島、（公）広島、岩国、徳山、防府、小郡（現・新山口）、宇部新川、下関、（公）下関、鳥取、米子、松江、（公）松江、高松、（公）高松、徳島、松山、高知
九州	門司、小倉、（公）小倉、（公）八幡、黒崎、博多、（公）福岡、（公）福岡岩田屋内、久留米、大牟田、熊本、（公）熊本、西鹿児島（現・鹿児島中央）、鹿児島、（公）鹿児島、別府、大分、（公）大分、延岡、宮崎、佐賀、佐世保、長崎、（公）長崎

昭和40年9月から稼動し、1日当たりの取扱い量はマルス101の3倍以上となる10万席、端末数は6倍近い467に達しています。

予約対象は、新幹線全列車、在来特急全列車、急行寝台の一部、青函航路寝台と1等座席（ロザ）で、全指定席の7割をカバーしました。ただし、特急「あさかぜ」などの個室寝台や特急「しおじ」の1等特別座席車などは、従来どおり手作業販売が続けられました。

新幹線も電算化販売になったとはいえ、マルスに全幅の信頼を置いていたわけではありませんでした。取扱い座席数がマルス1の約28倍にも達したマルス102がダウンすれば、影響はマルス1の比ではありません。そのため、座席台帳による管理が並行して続けられていて、いざというときの手作業販売に備えていました。

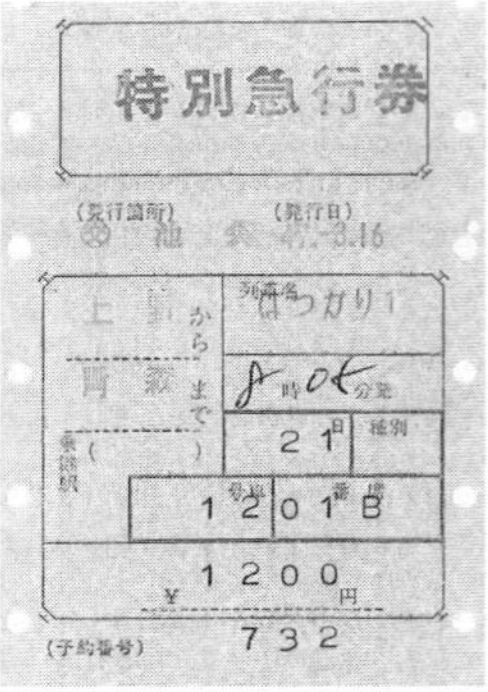

Y型端末から発券された指定券。初期のものとは異なる仕様変更後のもののようで、発時刻の数字だけが手書きになっている

マルス102の導入を契機に、国鉄は10月から全国152の駅と日本交通公社の本支店（83カ所）に指定席専門の窓口であるオープンカウンター式の「みどりの窓口」を置きました。これに合わせて、中央装置は秋葉原に設置された中央販売センターで一

鉄道博物館に保存されている、みどりの窓口の看板。シートに座る人のロゴデザインは現在も使われている

括管理されるようになりました。

当初の「みどりの窓口」設置箇所は73ページの表のとおりで、駅については1日当たり60枚以上の特急券が売れる箇所が選ばれました。その結果、首都圏や近畿地方に重点的に設置されましたが、首都圏を見ると、東京山手線内でさえ設置された駅は35駅中16駅。現在は、36駅中32駅（指定券自動券売機を含めると全駅）ですから時代の流れを感じます。これは、マルスの黎明期に優等列車の指定券を東京、上野、新宿といったターミナル駅で買う習慣が残っていて、東京山手線内といえども、みどりの窓口の設置基準に満たない駅が半数以上もあったことを物語っています。また、埼玉県の県庁所在地駅である浦和駅にはないのに、日本交通公社の浦和支店にはあるという不思議な現象も見られました。

マルスの変遷③——ヨン・サン・トオの増発が開発者を苦しめる

ヨン・サン・トオと呼ばれた昭和43年（1968）10月のダイヤ改正では、国鉄始まって以来の大増発が行なわれ、1日当たりの指定席の総数は一挙に10万席増の20万席となりました。

このため、改正を前にした9月には1日20万席に対応した「マルス103」が登場、端末数は770に達しています。

同時にシステムの規模も拡大され、大口旅客対応や満席時の前後列車の空席表示といった機能も追加されたわけですが、これに音を上げたのが、開発に携わった日立製作所の技術陣たちでした。

かつてNHKで放送された名番組『プロジェクトX　100万座席への苦闘～みどりの窓口・世界初鉄道システム～』では、マルス103からその後の100万座席対応の105の開発へと至る経緯が詳しく紹介されています。

これによると、マルス101や102の時代から、手作業発券でよくあった二重発券や三重発券に苦しめられることがしばしばだったところに、座席数が大幅にアップ。「100万席など無理だ」と言う日立側に対して、座席数の増加は至上命題だとし、一歩も引かずに無理な注文を出し続ける国鉄側。その対立的な構図は、国鉄側から日立側へ職員を派遣する動きで解決の方向へ向

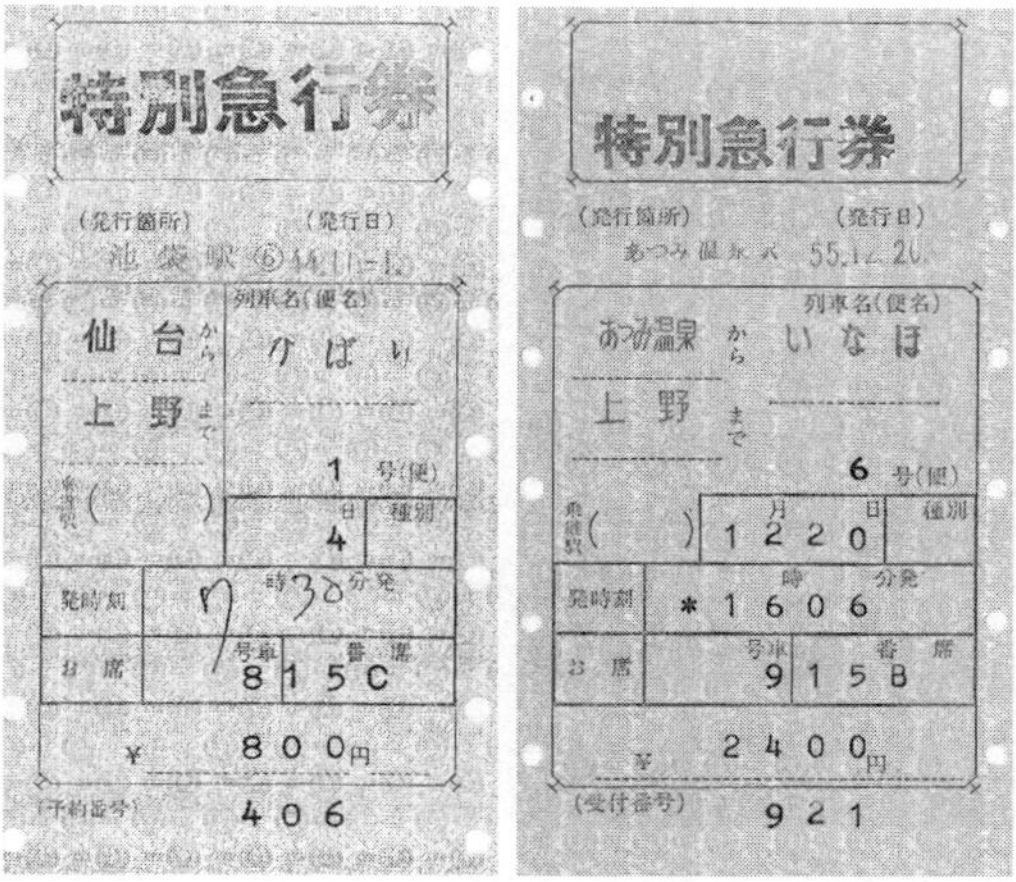

マルス103に対応したV型端末から発券された指定券（左が初期のもの、右が仕様変更後のもの）。X型端末の指定券と比べて発時刻と席番の欄が大きく変化している

かい、やがては互いに融和してまったく新しいシステムであるマルス105の成功へ繋がったというのが話の筋でした。

コンピューターを理解していても鉄道の特質を理解していない日立、鉄道の特質を理解していてもコンピューターがまったくわからない国鉄の関係が〝水と油〟であったことを物語っています。

そんな状況を乗り越えて、昭和47年9月に登場したのがマルス105でした。

この年は山陽新幹線が岡山まで開業、在来線の特急も3月と10月の改正で全国的に増発が計画されたため、1日の取扱い座席数は70万、端末数は1300に拡大。山陽新幹線博多開業を前にした昭和49年10月には、座席数がついに100万に到達。端末数は1650となりました。

このシステムに合わせて開発(注)された端末が

マルス105の根幹を支えた国立コンピューターセンターの中央装置（日本国有鉄道刊『日本国有鉄道百年 写真史』より転載）

「N型」と呼ばれるもので、乗車券の同時発券にも対応。画期的だったのは活字棒が廃止されて、ページ(注)式の操作盤が採用されたことでした。

　これは、操作盤を本のようにめくって、乗車駅、降車駅、列車名の該当部分にピンを挿入して情報を送るもので、活字棒をいちいち探す手間がなくなりました。マルス通の間では、この操作をもじって「パタパタ」と言う人もいます。

　このN型をベースに、発券速度を上げた「NH型」や「K型」と呼ばれる端末も開発されています。K型は、フル端末を置くほどの需要のない地方都市の駅などに設置されたもので、情報入力は「パタパタ」式ではなくコード入力でした。しかし、いちいちコード表を参照しなければならない操作性に難があったのか、わずか26台しか投入されていません。

右手に見えるのがN型端末から採用された“パタパタ”

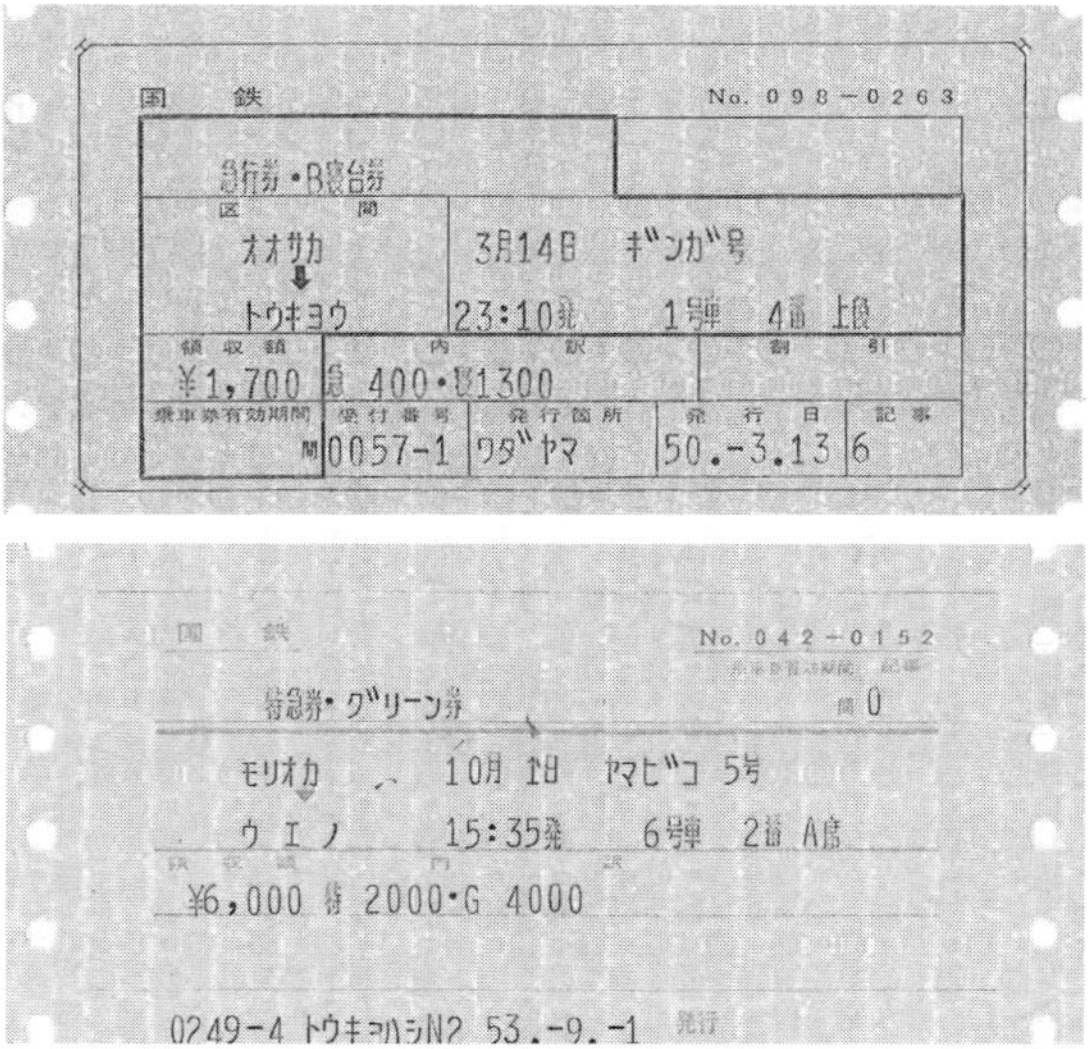

マルス105に対応したN型端末から発券された指定券。上が初期のタイプ、下が昭和52年に登場した新タイプ

マルス201の導入を契機に各地に開設された旅行センター。写真は新宿駅のもの（日本国有鉄道刊『日本国有鉄道百年 写真史』より転載）

マルス105は、LSI（大規模集積回路）や複数の命令を高速で処理するファームウェアの導入により、発券が驚くほどスピーディーになりました。前述のプロジェクトXによると、マルス105の稼働当日、中央装置から遠く離れた釧路駅の端末からマルス105最大の同時取扱い数である14人分の注文を送ったところ、わずか6秒で発券されて大喝采を浴びたということです。現在では当たり前のことですが、それ以前のシステムでは大量注文によるシステムダウンがしばしばありましたから無理もない話です。

きっぷの全自動印刷には対応しましたが、使える文字は漢字が33文字、カナと英数字が128文字までという制限があり、人によっては券面の確認がしにくくなったと感じることもあったようです。

なお、マルス103リリース後の昭和44年6月には、マルス103をベースに32万席に対応した団体旅客用の「マルス201」が、翌年1月には万国博輸送に備えて20万席対応の「マルス104」が登場しています。

マルス201には発券機能がない「G型」と呼ばれる端末が使われ、大量の座席の一括処理、1回の旅行で使う複数列車の管理に対応しました。

マルス201の登場により、全国の主要な国鉄駅に団体旅行を扱う「旅行センター」ができ、団体向けの6カ月前発売からグループ向けの2カ月前発売まで、多彩なニーズに対応できるようになりました。

（注）▼開発された端末……マルス105では、N型のほか、取消し用のNC型、車掌区など現場で確認用に使うDT型、空席案内用のP型、自動販売機用のS型といった端末も開発された。
▼ページ式の操作盤……乗降駅の指定は日本地図上で選択する方法も考えられたが、地図の大きさが1畳分にもなるため断念されたという。

マルスの変遷④――出札窓口をひとつにまとめたマルス301

マルス105は、マルス104までのシステムを刷新しただけに完成度は高く、昭和48年（1973）1月までにはマルス102～104で管理していた座席をマルス105に集約し、マル

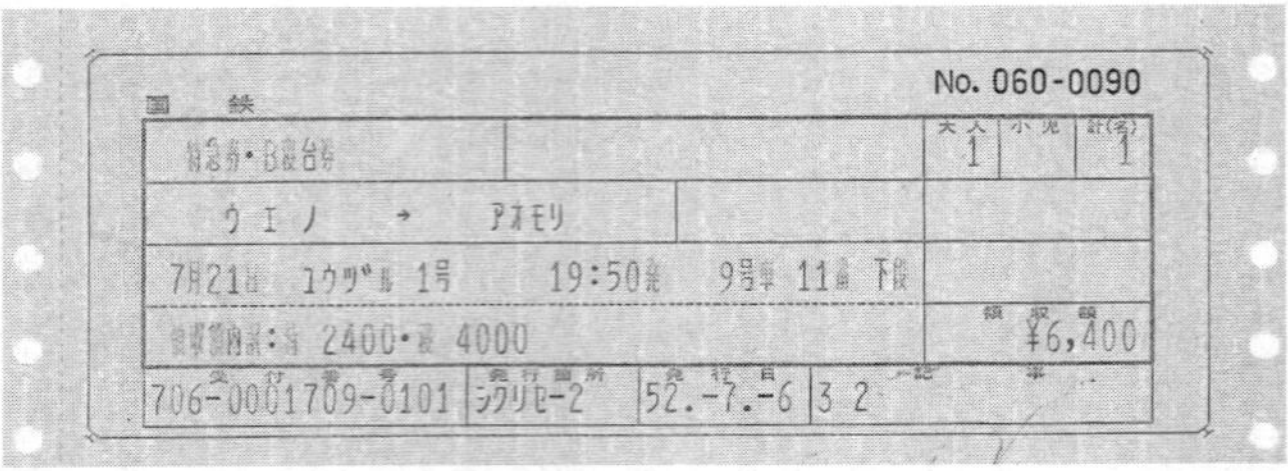

団体用のマルス202に対応したT型端末から発券された指定券。N型端末券より左右幅が40ミリほど長くなった。昭和54年にはサイズはそのままで、枠がシンプルになった新タイプが登場している

ス１０４以前のシステムを全廃。これを前にして、超大型となる中央装置は秋葉原の中央販売センターから国立《くにたち》コンピューターセンター（現・鉄道情報システム中央システムセンター）がある国分寺市へ移されることとなり、大規模システムの安定的な運用に備えました

　新たに開発されたマルス１０５の中央装置（ＨＩＴＡＣ８７００）6台は、神奈川県にある日立製作所秦野《はだの》工場から国分寺へ６日間かけて移送されましたが、過激派などの襲撃を警戒して、早朝に実施。神奈川県警による護衛付きという物々しさでした。

　昭和50年になると、マルス１０５をベースにした派生システムも登場。3月には1日2万席を対象としたプッシュホン予約が開始されたことに伴い、これに対応した「マルス１５０」が稼働。団体予約用には発券機能を備えた「マルス２０２」が5月に稼働を始めました。その結果、昭和52年4月にはマルス１０５とマルス２０２の

データが結合され、総合的な販売システムが完成。昭和55年8月からは大手旅行会社のオンラインシステムともつながるようになりました。

もっとも、この時点では、一般用にマルス105・150、団体用にマルス202という3つの中央装置があったので、本格的な統合販売システムを構築するには、これらを統合したシステムを開発する必要がありました。そこで登場したのが昭和60年3月から稼働した「マルス301」でした。

マルス301は、これまでの1日100万席を処理する能力に変わりはありませんが、統合により端末数は2900まで拡大しました。

稼働初日となった3月1日には、中央装置がある国分寺で国鉄総裁を迎えたセレモニーが開催されましたが、皮肉なことに、この日は1カ月先の予約申込みが殺到し、一部の端末が動かなくなるというトラブルに見舞われました。

マルス301でもっとも画期的だった点は、指定券のほか、普通乗車券、定期券、回数券、ワイド周遊券などのトクトクきっぷなどをトータルに扱うことができるようになった点です。マルス105でも乗車券や自由席券の単独発券機能は備わっていたのですが、指定券類以外の発券は依然として通常のきっぷで行なわれるケースが多かったのです。

昭和58年、総武本線錦糸町駅に投入されたばかりのM型端末。マルス301が稼働を始める2年前に暫定的に投入された

マルス３０１の登場により本格的な総合販売システムが確立されたので、わざわざ指定券専門のみどりの窓口と、乗車券だけを扱う一般の出札窓口を分ける必要がなくなり、少人数化、省力化を図れるようになりました。現在、ＪＲの駅ではその形がより徹底されており、「みどりの窓口」の看板を掲げていても指定券類専門の窓口であることはほとんどなくなりました。

総合販売システムはその後もさらに拡充。平成元年（１９８９）には航空券の購入や宿泊施設の予約、パソコン通信[注]「ＰＣ‐ＳＴＮ（ピーシーステーション）」からの特急券予約が可能になっています。

もうひとつの画期的な点は、この時代から叫ばれるようになった「ニューメディア」に対応したことです。この言葉は、インターネットが普及した現在では死語に近いですが、「VAN」(注)（value-added network）と呼ばれる付加価値通信網の発達で、専用回線による多彩なデータ伝送が可能になり、本来は出先でしかわからなかった、さまざまな情報が居ながらにしてわかるようになりました。株価を自宅で確認できる証券会社のシステムはよい例です。

これは当時、ニューメディアの象徴とされていた日本電信電話公社（現・ＮＴＴ東日本、ＮＴＴ西日本）の「キャプテンシステム」を利用したもので、国鉄は昭和59年の開始当初から新幹線の予約状況やトクトクきっぷの情報を提供していましたが、マルス３０１登場後の7月にはマルスと結合して指定席特急券の在宅予約が可能になりました。

クレジットカードに対応するようになったのもマルス３０１が導入されてからで、当初はクレジットカード会社と提携したＪＮＲカードのみが対象でしたが、平成3年には一般のクレジットカードも使えるようになっています。

中央装置を制御する端末のほうは、マルス３０１の運用に備えて昭和58年に「Ｍ型」と定期券の発券もできる「ＭⅡ型」が登場しています。乗降駅や列車名の指定はＮ型やＮＨ型と同じ「パタパタ」でしたが、ボタン操作がよりスムーズになりました。また、表示用のディスプレイが付

開始当初の指定券プッシュホン予約

国鉄のプッシュホンによる指定券予約は、当初、東海道・山陽新幹線のみが対象で、サービスエリアは東京都区内のみだったが、のちに全国へ拡大した。予約の手順は次のとおりだった。

①あらかじめ、国鉄指定券電話予約メモに、自分の電話番号、乗車月日、列車名、乗車駅、降車駅、枚数、指定券の種類を数字化してメモする。乗車月日は1月1日なら「0101」という4桁、列車名、乗車駅、降車駅は時刻表に掲載されている4～5桁のコード番号を記載する。

②「#9500」へかけて予約センターを呼び出す。

③ピー音が鳴ったら、メモをしておいた項目を入力。項目が終わるごとに青の#を押す。

④空席がある場合、自動音声から予約番号の回答があるので、これを国鉄指定券電話予約メモに記入。

⑤みどりの窓口でメモを提出して発券。

1回の操作で4人分まで予約でき、連続してできる予約は4回までだった。5人以上の予約は予約確認後に青#を押せば引き続き行なうことができたが、その場合、連番で座席が取れないこともあった。5回以上の予約の場合は、一旦、電話を切る必要があった。

予約開始は乗車日1週間前の12時からで、乗車日の2日前までに受取りに行かないと予約が失効した。

こうした手間がかかるプッシュホン予約は、インターネットや携帯電話による予約、販売の普及により次第に利用されなくなり、平成25年（2013）1月31日限りで廃止されてしまった。

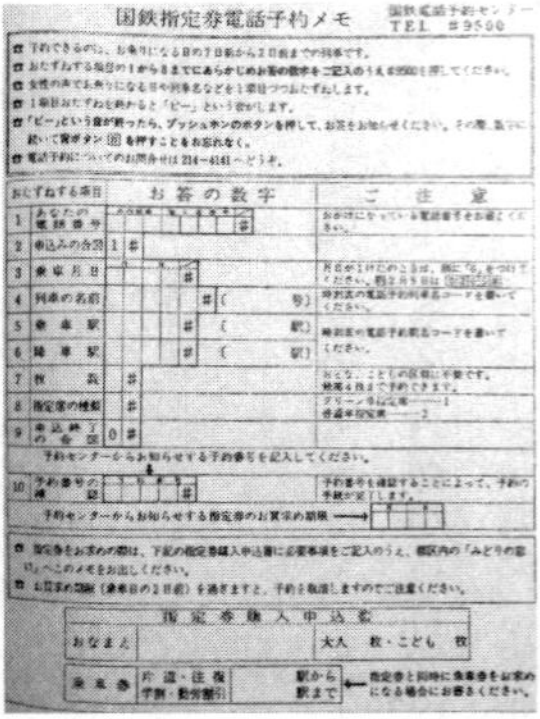
国鉄指定券電話予約メモ
TEL #9500

おたずねする項目	お答の数字	ご注意
1 あなたの電話番号	#	
2	1 #	
3 乗車月日	#	
4 列車の名称	#（　号）	
5 乗車駅	#（　駅）	
6 降車駅	#（　駅）	
7 枚数	#	
8 指定席の種類	#	
9	0 #	
10 予約番号の確認	#	

指定券購入申込書
おなまえ　大人　枚・こども　枚
乗車券　片道・往復　駅から　駅まで

国鉄指定券電話予約メモの見本（弘済出版社刊『大時刻表』昭和51年8月号より転載）

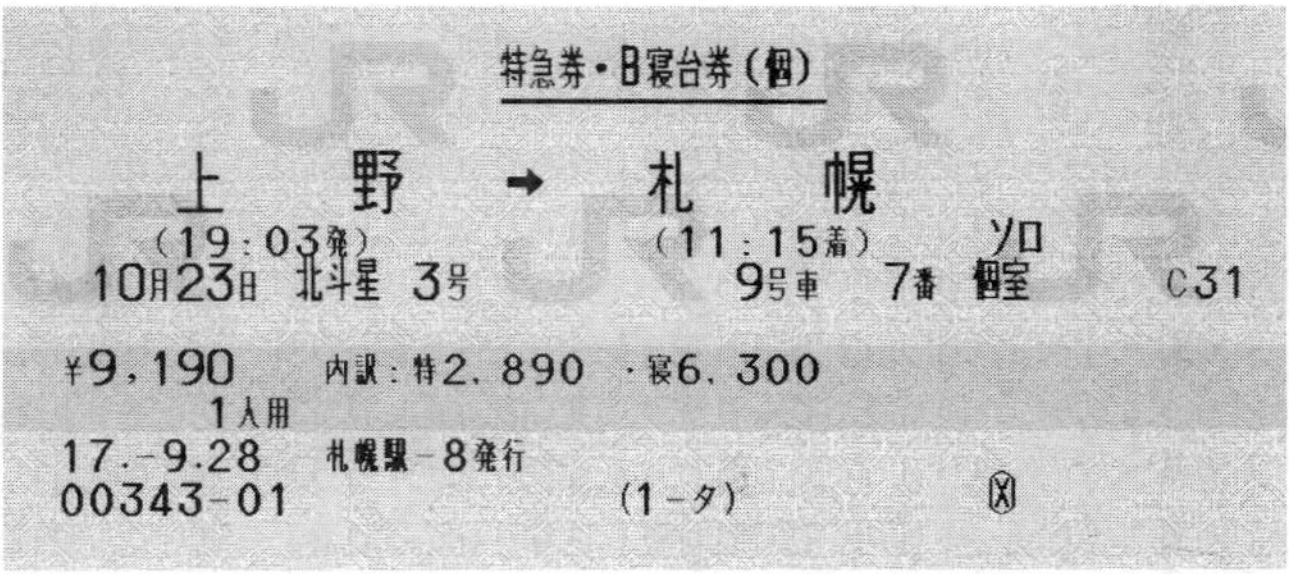

現在はほとんど見かけなくなった横長タイプのM型端末券。JR北海道では、JR東日本でMR系、ME系端末が主流になっていた時代にも比較的古い端末が残っていた

いたので、残席状況を購入客に見せながら対話的にやりとりすることが可能になりました。禁煙指定席の指定や、券面に着時刻の表示ができるようになったのもＭ型、ＭⅡ型端末からの特徴でした。これは現在、ＪＲ東海の「リニア・鉄道館」で現物を見ることができます。

昭和61年にはＮ型並の機能を持つ「Ｌ型」が登場しています。従来、中央装置とのやりとりには専用の回線と端末が必要でしたが、コスト低減を図るため端末をパソコンで流用し、通信には鉄道電話回線が使われました。それゆえに、専用回線を使うＭ型、ＭⅡ型と比べて、発券が遅いという弱点がありました。ただコスト低減の効果は大きく、みどりの窓口の設置箇所は、Ｌ型の導入により開設当初と比べて約5倍に上りました。

Ｍ型端末が登場してから指定券類をはじめとするきっぷの様式は大きく変わりました。それまでは、マルス１０５時代の横長タイプや、マルス102・103時代の縦長タイプが混在していましたが、指定券類は左右120ミリ、その他の乗車券類は左右85ミリの横長タイプとなり、L型端末から発券されるものを除いて、裏面が自動改札に対応するため磁気化されました。

(注)▼PC-STN(ピーシーステーション)……JRグループの鉄道情報システム株式会社(JRシステム)が運営していたもので、平成元年12月からサービスが開始され、平成9年6月にインターネットサービスの「Cyber Station(サイバーステーション)」に継承された。
▼VAN……通信サービスの形態のひとつ。単に信号を送るだけだった通信回線に電子メールサービスなど付加価値のあるサービスを加えたもの。

マルスの変遷⑤——インターネット時代に対応した現代のマルス

昭和62年(1987)にJRが発足し、現在に至るまで、世界の情報化は目まぐるしく変化しました。

平成8年(1996)頃からはインターネットの商用利用が本格的に始まり、平成11年にはNTTドコモのiモードが登場。携帯電話からのインターネット利用が加速しました。そして21世紀を迎えると、NTTによる高速光インターネットサービスが急速に普及し、それにつれてネット上におけるサービスも多様化。携帯電話の回線も、現在の主力である3G(注)やLTEへ移行するたびに高速化し、昨今のスマートフォン全盛時代を迎えています。

昭和35年に運用を開始したマルスも、この変化の波に敏感に反応しています。

平成5年にはＪＲ移行後に初めて開発されたシステム「マルス３０５」が登場しています。増大するシステムへの負荷に対応するため、異常時のバックアップ運用を重視しており、端末数はマルス３０１の倍以上の６１００に拡大。多彩な発券ニーズに対応できるようになりました。

マルス３０５は、平成9年6月にパソコン通信のＰＣ‐ＳＴＮに代わって、インターネットを介してＧＵＩ(注)ベースでやりとりができる「サイバーステーション」のサービスとも結合しました。平成10年にマイクロソフト社のＯＳ「ウインドウズ98」がリリースされると、インターネット上からの指定券予約の利便性はさらに向上しました。

そして２０００年代に入ると、平成14年10月に現行のシステムである「マルス５０１」が登場しています。これまでのマルスはあらゆる機能を中央装置に集中させてきましたが、マルス５０１では指定券の予約管理機能以外を「サーバー」（データを別のコンピュータシステムへ橋渡しするコンピューター）へ分散させることで、中央装置にかかるコストを低廉化。合わせて、中央装置への負担も軽くできるので、システムダウンのリスクも減らせるというメリットを持っていま

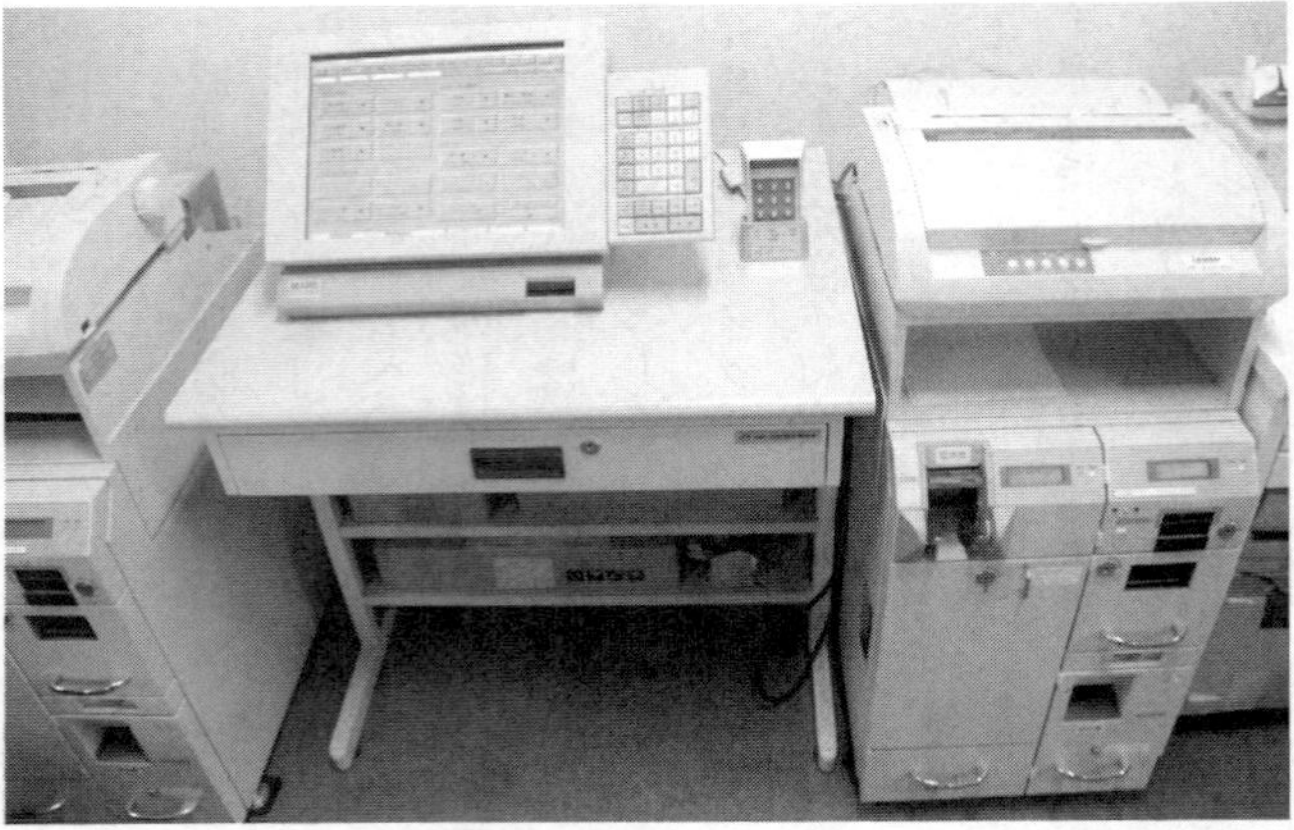

操作部にタッチパネルを採用したMR-32型。現在、みどりの窓口の主力端末として使われている（JR東日本大宮支社提供）

した。

こうした流れを受けて端末も進化し、マルス305の運用開始を機に「MR型」端末が登場しています。M型までのマルス端末は専用設計で、いわば〝特注品〟のようなものでしたが、MR型は汎用の据置き型パソコンを使い、端末にかかるコストを低減しました。機能面では、列車指定での空席照会が時間帯指定でもできるようになったほか、多彩な経路検索機能により接続列車の候補も検索できるようになったので、より柔軟な窓口サービスが可能となりました。

平成7年には、「ウインドウズ3・1」が普及していたこともあり、これをベースにした「MR-10型」端末（MR-11・12）も稼働を始めました。

MR-10型までは、マウスとキーボードによる操作となっていましたが、平成9年には、操作部が初めてタッチパネル式となった「MR-20型」が登場。液晶ディスプレイとテンキーが一体化されコンパクトになりました。JR西日本には、平成15年にMR-20型に似た「MR-12W型」が登場していますが、これは操作部とディスプレイが分離されたタイプとなっています。

　現在の主力端末は平成15年に登場した「MR-30型」（MR-31・32）で、MR-20型のプリンターを熱転写式(注)から感熱式にしたタイプです。平成24年にはJR西日本に最新型のMR-52が導入されていますが、こちらも感熱式のプリンターを採用しています。

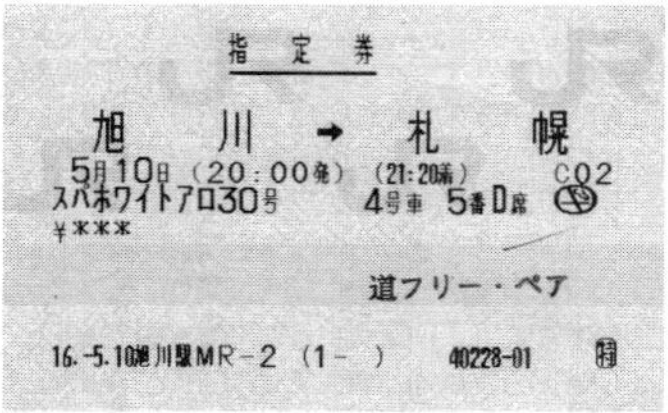

左右85ミリに統一されたMR端末券

　みどりの窓口で社員が目にも留まらぬ速さで操作できるのも、これらタッチパネル式端末の普及が大きかったのです。

　MR系端末は、鉄道情報システムが開発したJRグループ共通仕様の端末ですが、JR東日本では、平成5年にグループ会社のジェイアール東日本情報システムが独自に開発したME型端末も導入しています。この端末は、MR系端末に先がけてOSにウインドウズ3・1を採用していました。平成11年にはSuicaに対応したMEM型が、平成15年にはプリンターを熱転写式から感熱式としたＭＥＸ型が登場しています。

ＭＲ・ＭＥ系端末の普及により、発券されるきっぷのサイズは幅85ミリに統一され、指定券・乗車券ともに定期券サイズのチケットケースにすっきり収めることができるようになりました。

（注）▼３ＧやＬＴＥ……３Ｇは「3rd Generation」の略。平成13年にサービスが始まった携帯電話用の高速の通信規格。日本ではＮＴＴドコモのＦＯＭＡサービスが有名。ＬＴＥは「Long Term Evolution」の略で、３Ｇより高速（光ファイバー並）なデータ通信方式で「３・９Ｇ」とも呼ばれる。アップル社の「アイフォーン５Ｓ」（iPhone5S）などではこの方式が使われている。
▼ＧＵＩ……「Graphical User Interface」の略。コンピューター上のプログラム操作を、文字ベースではなく、マウスとグラフィック表示（アイコンなど）を使って直感的に行なう方式。アップル社のマッキントッシュ（Macintosh）用System（日本では「漢字トーク」と呼ばれた）が、マイクロソフト社のウインドウズ（Windows）に先駆けて導入した。
▼熱転写式から感熱式……熱転写式はきっぷの印字にインクリボンを使うタイプ、感熱式はインクリボンを使わず、感熱紙という紙に直接印字できるタイプ。

マルス５０１が可能にしたＪＲ旅客６社独自の座席予約サービス

マルス５０１の導入によって大きく変わったことのひとつに、ＪＲ各社がインターネット上で独自に座席の予約サービスを始めたことがあります。

それまでインターネット上での予約は、鉄道情報システムが運営するサイト「サイバーステーション」からしかできませんでした。「サイバーステーション」は、みどりの窓口のマルス端末と同じく「ＪＲネット」と呼ばれる専用回線で結ばれているため、予約を行なうためには「サイバーステーション」に入会する必要がありました。

ところが、マルス５０１では、豊富な通信網とつながるようになったため、一般のプロバイダーからでも、ＪＲ各社のネット網を介して中央装置とやりとりできるようになったのです。これには、マルス５０１にＩＰ接続が採用されたことが大きく、いまや、パソコン、携帯電話、スマートフォンさえあれば、みどりの窓口まで出向かなくても予約ができることが常識になりました。こうした予約の多様化は、国鉄時代に登場したプッシュホン予約（86ページ参照）を駆逐してしまいました。

現在、ＪＲ旅客6社が運営しているインターネット上の座席予約サービスは、ＪＲ北海道の「ＪＲ北海道予約サービス」、ＪＲ東日本の「えきねっと」、ＪＲ東海の「プラスＥＸ」「ＥＸＰＲＥＳＳ予約」、ＪＲ西日本の「ｅ５４８９」、ＪＲ九州の「列車予約サービス」があります。ＪＲ四国だけは、ＪＲ西日本の「ｅ５４８９」に相乗りしており、自社独自の予約は電話予約のみとなっています。ＪＲ東海の「ＥＸＰＲＥＳＳ予約」は、東海道・山陽新幹線の直通列車があるためＪＲ西日本と共同で運営されており、「プラスＥＸ」は東海道新幹線に特化した予約サービスとなっています。

マルス５０１がＪＲ各社の事情に応じたサービスに対応できるようになったため、これらの予約サービスでは、独自の割引や予約期間の延長、予約変更の無制限化といった、窓口販売の時代では考えられなかった取扱いをすることが可能となりました。その裏には、各社間でやりとりする手数料にまつわる思惑もあったようです。

みどりの窓口できっぷを販売する際、それが他社のものであれば5パーセントの代売手数料を得ることができます。各社の予約サービスでは、独自の特典と引換えに、他社を含むきっぷの受取りを、基本的に自社管内の窓口または指定券券売機で行なう囲い込みができるので、手数料収入を増やしやすいというわけです。

ネット予約の発達は、青い森鉄道(注)やＩＧＲいわて銀河鉄道(注)、しなの鉄道(注)といった、元ＪＲ線の第三セクター鉄道が増え、ＪＲ時代にあったみどりの窓口が相次いで廃止されていることも背景にあるようです。

しなの鉄道の場合、平成14年（２００２）9月までは屋代《やしろ》駅にＭ型端末が設置されていました

JR東北本線時代に存在した浅虫温泉駅のみどりの窓口。青い森鉄道へ移管後に廃止となってしまった（平成22年10月）

が、マルス５０１への移行に伴うシステムメンテナンスの問題で使えなくなり、そのまま廃止されてしまいました。また、青い森鉄道やＩＧＲいわて銀河鉄道に至っては、第三セクターへの移行とともに三《み》沢《さわ》駅や野辺地《のへじ》駅などのみどりの窓口が廃止され、新幹線との接続駅以外では不便になったこともあったようです。

かつては、旧名寄《なよろ》本線紋別《もんべつ》駅や旧のと鉄道輪島駅などのように、鉄道廃止後もマルス端末が置かれていた箇所がありましたが、マルスの進化とともにメンテナンスの問題が発生したり、ＪＲ自体が他社への手数料支払いを抑制したい思惑があるのか、並行在来線の分離後に即刻廃止される傾向が強くなってきました。

例外は、ＪＲ直通の特急が頻繁に運転されている伊豆急行、北近畿タンゴ鉄道、土佐くろしお鉄道といった私鉄や第三セクター鉄道で、伊豆急行以外のマルス設置駅は全国のJR線の指定券などを取り扱っているため「みどりの窓口」を名乗っています。

（注）▼IP接続……TCP／IPと呼ばれる通信規格を使ったインターネット接続の一種。TCP／IPは異なるメーカーのコンピューターやOS（ウインドウズやマックOSなど）とも通信が行なえる規格。
▼青い森鉄道……平成14年12月、東北本線目時～八戸間を分離して発足した第三セクター鉄道。現在は、平成22年12月に分離された東北本線八戸～青森間も含まれている。
▼IGRいわて銀河鉄道……平成14年12月、東北本線盛岡～目時《めとき》間を分離して発足した第三セクター鉄道。
▼しなの鉄道……平成9年10月、信越本線軽井沢～篠ノ井《しののい》間を分離して発足した第三セクター鉄道。

小さな駅のみどりの窓口がなくなる!?――リモートマルスの台頭

JR北海道学園都市線の桑園《そうえん》～北海道医療大学間が電化された平成24年（2012）6月、電化記念の硬券入場券を買うために篠路《しのろ》駅に立ち寄ったときのことです。指定券を買いに来たとおぼしき初老の男性客が、みどりの窓口を兼ねたひとつしかない窓口の係員とこんなやりとりをしていました。

係「前に乗った列車の名前を覚えていますか？」
客「たしか、仙台に朝着いた列車のはずですが……」
係「（時刻表をめくりながら）そうすると、『北斗星』か『はまなす』と新幹線の乗継ぎですね？」
客「う〜ん、そうだったかなぁ……」
係「では、仙台に朝着けばよいのでしたら、最適な列車をこちらで調べて、空席の有無をご自宅まで連絡するということでよろしいでしょうか？」
客「わかりました。それは助かります」

男性は最後まで乗った列車を思い出せなかったようですが、こうしたスキンシップあふれるやりとりができる小さな駅のみどりの窓口が、今、急速に姿を消しつつあります。代わって登場したのが指定券類を購入できる自動券売機です。

指定券を発券できる最初の自動券売機は、平成6年に登場した「MV-1型」という端末で、翌年、山手線恵比寿駅で試験運用が行なわれました。マルス105が稼働した頃、水戸駅に上り急行「ときわ」専用に乗客が指定券を発券操作できるS型端末がありましたが、本格的なものとしてはＭＶ型が初めてでした。

平成8年には「ウインドウズ3・1」をベースにした本格的な「ＭＶ-10型」が登場し、女性の声による案内で指定券類だけでなく、定期券やトクトクきっぷなどを販売。クレジットカードによる取扱いにも対応しました。

その後、「ウインドウズ２０００」をベースにした「ＭＶ-30型」やクレジットカード対応に特化した「ＭＶ-40型」が登場。ＭＶ-30型は、現在の指定券自動券売機の主力機種になっています。

さて、指定券自動券売機のなかでも、平成17年3月に登場したＪＲ東日本の「もしもし券売機Ｋａｅｒｕくん」（以下、Ｋａｅｒｕくん）は「ＥＲ型」端末と呼ばれるもので、通信回線を介してオペレーターと会話することで指定券などを購入できる対話型自動券売機として話題になりました。

この券売機が最初に設置された箇所は青梅《おうめ》線にある7駅でしたが、オペレーターが常駐している販売センターは遠く離れた盛岡市にありました。きっぷを買いに来た客がＫａｅｒｕくんの呼出しボタンを押すと、オペレーターが応答し、マイクを通して窓口で購入するような感覚を実現するという仕掛けです。たとえば『青春18きっぷ』を購入する場合、次のようなやりとりが行なわれていました（オペレーター＝係）。

客が画面の開始ボタンを押す。〝オペレーターを呼び出しています　しばらくお待ちください〟のメッセージが表示される。

係「いらっしゃいませ」
客「『青春18きっぷ』を1枚ください」
係「『青春18きっぷ』ですね？」
客「はい」
画面に「青春18きっぷ　〇月〇日　大人1人」と表示される。
係「こちらでよろしいですか？」
客「はい」
〝ご予約をお取りできました　他にご用件がありましたらお話しください〟のメッセージの後、しばらくして金額が画面に表示される。
係「お支払いをお願いします」
客が券売機にお札と硬貨を投入、画面に投入金額が表示される。

●もしもし発売機Kaeruくんの構成

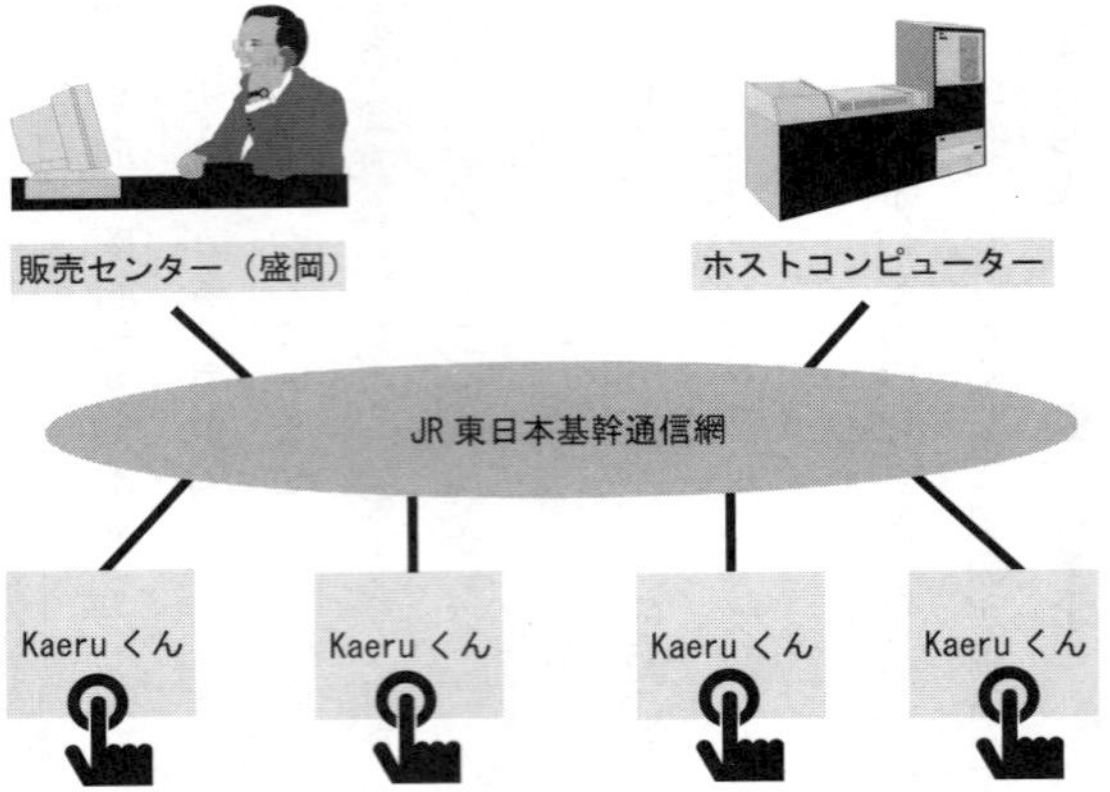

係「少々、お待ちください」

やがて、「きっぷ」と書かれた発券口から『青春18きっぷ』が発券され、オペレーターの〝お待たせしました〟の声が流れる。

このやりとりは、指定券類の購入や乗車変更の申込み、定期券の購入、学割など証明書を必要とする各種割引乗車券の購入などになるとやや複雑になり、スキャナのような読取り機に必要な書類を置く動作が必要になることもあります。対話以外で客が行なう操作はパネルタッチが基本で、クレジットカードでの購入時のみ、テンキーで暗証番号を入力する必要がありました。

Ｋａｅｒｕくん導入の狙いは、中小駅のみどりの窓口を廃止して出札窓口を大きな駅に集約することでした。ＪＲ東日本の効率化策の一環としておおいに期待されていましたが、導入された箇所は、秋田、水戸、千葉、高崎、八王子各支社の計56駅に留まりました。平成22年には初期の機器が5年の耐用年数を迎えたため、老朽化を理由に順次撤去が始まり、平成24年3月には完全に廃止されてしまいました。代わって置かれたのが指定券自動券売機と通常の自動券売機でした。指定券自動券売機は学割などの特殊な割引に対応していないため、Ｋａｅｒｕくんを失った駅の客は、みどりの窓口があるもっとも近い駅まで出向かなければいけなくなりました。

東海道本線能登川駅のみどりの券売機プラス。同駅ではみどりの窓口代わりに機能している

Ｋａｅｒｕくんが姿を消し始めた一方で、平成22年1月から運用を始めた対話型自動券売機がＪＲ西日本の「みどりの券売機プラス」です。対話型という点では、ＫａｅｒｕくんのＪＲ西日本版と言ってよいほど機能が似ていますが、決定的に違うのは、従来の自動券売機と同じ操作で

も指定券などのきっぷを購入できる点です。

機能を対話型に限定すると、マイクや回線の不良で客の声がオペレーターまで届きにくくなるという問題がありましたし、操作型に慣れている客の場合は、対話するより自分のボタン操作で発券したほうが早いわけで、JR西日本では機能をハイブリッド化したほうがより効率的だと判断したようです。JR東日本より後発だけに、Ｋａｅｒｕくんの運用実態も踏まえて導入に踏み切ったのでしょう。

Ｋａｅｒｕくんやみどりの券売機プラスは、みどりの窓口が行なっていたほとんどの業務を、遠隔操作による券売機に置き換えたことから、俗に「リモートマルス」と呼ばれています。充実した通信網を駆使できるマルス501の副産物と言えるでしょう。私の地元であるJR北海道ではまだ導入されていませんが、近い将来、拠点駅以外のみどりの窓口が閉鎖されて、篠路駅のようなまったりとした窓口風景が〝鉄道遺産〟と呼ばれる日が近くなるのかもしれません。

Column

乗車率アップはマルスの代案表示「からまつ」の賜か？

マルス105の登場により、国鉄の指定券類の電算化はほぼ100パーセント達成されました。しかし、わずかに手作業で販売される指定券類も残されており、そのなかにはB寝台車を連結する普通列車が含まれていました。

マルス105の導入後に行なわれた昭和47年（1972）10月のダイヤ改正時点で残っていたB寝台車付き普通列車は、小樽～釧路間の423・424列車、名古屋～新宮～天王寺間の923・924列車（寝台車は新宮～天王寺間の連結）、京都～出雲市間の827・826列車、門司港～長崎間の1421・1420列車の4つでした。

これらの寝台車は、市販の時刻表では四角い楕円に寝台マークを入れて表記され、国鉄監修時刻表の凡例には「主な停車駅と沿線の日本交通公社の主な支店などで指定券・寝台券を発売するもの」という但し書きが入っていました。沿線の主要な発売箇所にあらかじめ枚数が割り当てられ、売り切れれば鉄道電話などを通してきっぷを融通し合うという、昔ながらの方法が採られていたわけです。

私は、中学生だった昭和48年頃に小樽から釧路まで423列車のB寝台車に乗車しています。寝台券の購入は札幌駅のみどりの窓口でしたが、マルスが置かれた窓口と区別するために、右手の隅に「423・424列車」と大書された専用の販売窓口が設けられていました。

これらの寝台も、昭和50年3月のダイヤ改正前後に相次いで電算化。その際、列車名が必要になるため、423・424列車は「からまつ」、923・924列車は「南紀」、827・826列車は「山陰」、

懐かしい「からまつ」のサボ。愛称命名は寝台券をマルス販売で行なうためだった。下のサボは池田止まりの寝台車に付けられたものだったが、実際は釧路まで回送扱いで連結されていた

1421・1420列車は「ながさき」と命名されましたが、その後も、小樽駅であらかじめ「からまつ」のゴム印が押された硬券のB寝台券を購入したことがあります。

「からまつ」の名が登場したのは昭和49年8月1日の始発駅発車分からでしたが、その年の8月17日付北海道新聞にさっそく「からまつ」に関する記事が掲載されています。これによると、「からまつ」の8月の乗車率は、名前がなかった前年と比べて15パーセントアップしたということです。これが命名による効果なのかどうか……国鉄関係者は首をひねったそうですが、電算化されたおかげで、全国の駅から簡単に発券のオファーを受けることができるようになった点は無視できないでしょう。

当時は「からまつ」とほぼ同じ区間に「狩勝《かりかち》3号」という寝台車主体の全車指定急行が運転されていましたが、繁忙期はこの列車から満員になることが多

く、「狩勝」の寝台券を買い損ねた客がよく「からまつ」の寝台車へ誘導されていました。実際、私も同じような扱いを受けたことが何度かありましたし、寝台車に乗りたい人は「狩勝」の座席車に空席があっても敬遠することが多かったので、勝手を知った人は最初から「からまつ」を狙うこともあったようです。

こういった誘導は、手作業販売時代でも地元では当然のように行なわれていましたが、九州や四国といったまったく関係のない地域からですと係員もチンプンカンプンなことが多く、「お客さん、現地へ行って買ってくださいよ」と言われた人も多かったのではないでしょうか。

電算化で簡単に代案表示できるようになり、こういった誘導がしやすくなったのも、「からまつ」の乗車率アップにつながったのではないでしょうか。

第三章　あの手この手の自由席着席サービス

窓へ荷物を放り投げる自由席争奪戦

乗客が任意の便の任意の席を選択できる「自由席」がある交通機関は、近距離を走る乗合バスを除けば鉄道しかないでしょう。航空機や船舶は定員（座席数）を超えて乗せることが法令で禁じられているため、あらかじめ乗る便を指定する予約制が原則ですし、高速バスも１００キロ台の距離を走るものを除けば予約が必要です。ですから、自由席の存在は鉄道が陸上における最大の大量交通機関であることを物語っているとも言えます。

もちろん鉄道にも定員というものはあります。しかし、航空機や船舶ほどシビアではなく、「乗れるだけ乗せてしまう」という状況が根強く残っています。そのため、ときには乗せすぎて車体(注)が傾いてしまうというトラブルもありました。

私が記憶している昭和40年代は、国鉄各線の旅客が右肩上がりで、新幹線のない線区では自由席が慢性的に混雑していた記憶があります。さすがに、終戦直後の引揚げ列車や買出し列車ほどではないにしても、席を確保するために発車の2～3時間も前からホームや待合室で待機していたものです。

もっとも、長い時間並んで席を確保する方法はまだ紳士的でした。私の記憶でもっともすさまじかったのは、開いた窓へ向けて荷物を投げ込むという〝手口〟です。

昭和47年（1972）8月頃、小樽から札幌へ戻る際に旭川行きの急行「かむい10号」[注]という列車に乗ったときのことです。「かむい」という急行は、北海道内の二大都市である札幌と旭川を結ぶビジネス列車で、現在でいえば特急「スーパーカムイ」的な役割を担っていました。

小樽始発の「かむい10号」は札幌まで快速で運転され、乗客は1両に半数程度。私と同行していた友人は、窓を開けてのんびりと夕闇に浮かぶ石狩湾の風景を眺めていました。当時、北海道の列車は、特急以外すべて非冷房。いくら北海道が本州と比べて涼しいとはいっても、夏真っ盛りの8月では扇風機だけで凌げるわけもなく、窓を開けて涼を取るのは自然なことでした。

こうして気持ちよく汽車旅を続けていた私たちは、札幌駅のホームに入ったときに予想していなかった光景を目にしたのです。列車が完全に停止しないうちに、ホームに並んでいた人々が次々と列から離れ、窓めがけて荷物を放り投げてくるのです。札幌では大半の客が入れ替わるので、荷物を投げ込んだ人々はかなり事情に明るい常連さんだったのでしょう。

呆気に取られた私たちを尻目に、札幌からの客は我先にとデッキになだれ込みましたが、ここで始まったのが女性客同士のケンカ。どうやら、まじめに並んでいる人と荷物を放り投げて席を取った人とが口論になっていたようで、「ちょっと、そこの奥さん！　ちゃんと並びなさいよ‼」という怒声が飛び交い、後ろからも加勢するような声が……。私は、一触即発の雰囲気に怖くなり、乗り込んでくる人々を必死にかき分けてなんとか列車から〝脱出〟しました。以来、旭川行きの「かむい」は浅ましい席取り合戦が繰り広げられる恐ろしい列車というイメージがつきまとい、札幌から旭川へ行く際は、もっぱら空いている普通列車ばかりを利用するようになりました。

問題の「かむい10号」は、稚内行きの夜行急行「利尻」を除けば、札幌から旭川へ戻る最終列車のようなものだったので、混雑は常態化していたようです。こういう列車に指定席を付けていないのはどうにも解せなかったのですが、昭和50年7月、北海道初の電車特急「いしかり」が運転を開始すると、1両だけ指定席が連結されるようになったので、ようやく安心して札幌から旭川まで移動できると思ったものです。

（注）▼車体が傾いてしまうトラブル……昭和37年暮れ、東京発鹿児島行きの急行「霧島」で2等寝台車（ハネ）を2等座席（ハザ）の代わりに使用していたところ、200名以上が乗車したため通路側に人が溢れ、大阪駅で車両の傾きが発覚。乗客を前後の車両へ移動させたり、下車させたりする不手際があった。
▼「かむい10号」……『国鉄監修時刻表』昭和47年3月号によると、小樽を18時45分に発車し、札幌には19時25分、旭川には21時35分に到着していた。小樽から札幌までは快速運転で、深川までは増毛行きの急行「ましけ」を併結していた。

ワッペンで乗車整理をしていた新宿駅

私が遭遇した「かむい」での女性たちによるすさまじい座席争奪戦は、平日、しかも北海道でのことでした。桁違いの旅客が集まる首都圏でもし同じようなことが起きていれば、それこそ大パニックになりかねません。しかし、そこはそこ、首都圏を発着する主要列車（特に夜行列車）では、戦後まもなくから新宿、上野、品川などの主要駅で自由席の着席対策がしっかり行なわれていました。ここからは、そうした自由席のあの手この手の着席サービスを見ていきたいと思います。

少し話は変わりますが、私は昭和55年（1980）に東京の大学に入学後、サークルの先輩の薦めで国鉄新宿駅の学生アルバイトの集まりである「新宿駅学生班」に入りました。昔の通勤通学時の映像では、超満員になった列車のドアに駅員が客を押し込む光景をよく見かけます。この駅員は俗に「押し屋」と呼ばれる人々ですが、そのほとんどは国鉄の正職員と同じ制服に身を包んだ学生アルバイトだったのです。一応〝本職〟と区別するために「助勤」と呼ばれ、「学生班」と書かれた腕章を着用していました。ただ、先輩アルバイトのなかには着用しない人もいたので、本職と間違われることがよくあったようです。

お客さんから見れば、制服を着ていれば正職員であろうが学生アルバイトであろうが関係はありませんし、私自身も、仕事に慣れた頃にはすっかり国鉄職員気分になったものです。上級生になれば、本業の「押し屋」のほか、改札や小荷物の業務にも携わるようになり、ときには授業そっちのけで国鉄に〝奉職〟したことも……。


私が学生班でアルバイトをしていた4年間、新宿駅ではゴールデンウィークやお盆、暮れといった繁忙期を中心に夜行列車の自由席を利用する人のための集合場所が定められていました。

昭和55年10月改正当時、新宿駅を発車する定期の夜行列車は、急行「アルプス」2本と長野行きの441Mという普通列車が1本ありました。とりわけ、八ケ岳や蓼科《たてしな》高原などへの足として便利だった441M（Mは電車を表す）は人気が高く、この列車への乗車を希望する客は「アルプスの広場」と呼ばれるコンコースが待合せ場所に指定され、入線時刻が近くなると係員がホームへ誘導する態勢が採られていました。

その際に使われたのが「ワッペン」と呼ばれる乗車整理票でした。「ワッペン」には、号車番号が明記されていて、集合場所の列に加わった旅客から順番に配布していました。実はこの業務も学生班が担っていて、本来の業務である押し屋が「通勤通学対策」を略した「通対」と呼ばれていたのに対して、夜行列車に関するこの業務は「夜行列車対策」を略して「夜行対」と呼ばれていました。夜行対では、改札口の横から各列車の待合せ場所を示す背の高い丸形の案内板を出して、所定の場所に立てることが最初の仕事でした。この案内板はバスの停留所にある標識に似ていたので「バス停」と呼ばれていました。

ワッペン配布の際は、必ず乗車券のチェックが行なわれました。４４１Ｍの場合、大久保以西から大月方面までの乗車券を持った客が、定期券や最低運賃のきっぷなどで新宿にやって来て始発から乗ろうとしたことが多かったためで、このような客にはワッペンを配布せず、ホームにある臨時出札窓口で新宿までの運賃を精算するように案内していました。客のなかには、せっかく新宿駅まで来たのに、すぐにワッペンを配られなかったことに腹を立てる人や「列車内で精算するから」と言う人もいましたが、規則をきちんと説明していれば、大きなトラブルはなかったようです。

アルプスの広場は、大量の人でごった返す新宿駅のなかでもっとも人通りが多い場所であったので、夏場の業務は人いきれで蒸し暑く、汗だくだく。そのため、４４１Ｍの夜行対は入り立ての下級生の〝修行〟の場となり、ベテランの上級生の指導で、仕事を覚える絶好の機会となっていました。幸い、私は急行の業務のみに就かせてもらえましたが、時折、ホームからアルプス広場へ偵察に行くと、４４１Ｍの現場が修羅場に見えたものです。

さて、新宿駅の夜行対で大活躍したワッペン。始まったのは、私の〝国鉄奉職〟から16年も遡る昭和39年8月のことでした。発祥は上野駅で、当時の斎藤純三郎駅長の発案により始められたということです。

かつて上野駅で配布されていたワッペンの一様式。楯形に統一された復活後のもののようで、外枠を色分けして方面を区別していた

このときのワッペンは、方面別に形が違っていて、東北線は五角形、常磐線は四角形、上越線は六角形、信越線は三角形となっていました。また日付別に文字の色が違っているという凝りようで、子供たちにも人気があったのだとか。

上野駅のワッペン乗車は、同じ年の暮れにも行なわれましたが、翌年のワッペンは白地の単純なものとなり、方面別に文字が色分けされるに留まりました。昭和41年8月限りでいったん終了し、大阪万博の輸送時に復活したそうです。

ダフ屋の横行を防ぐために生まれた着席券

ワッペン乗車とは別に、「発駅着席券」と呼ばれるものを発売して乗車整理をする方法も採られていました。

発駅着席券（以下、着席券）とは、指定の時間までに集合場所へ集まれば、自由席の着席を保証するというきっぷです。これは、昭和24年（1949）5月1日から始められ、発売額は2等（ロザ）が100円、3等（ハザ）が50円でした。発駅の名のとおり、発売箇所は該当列車の始発駅で、始発駅と同一都区内または市内の日本交通公社案内所でも取り扱っていました。

着席券で注意しなければいけない点は、完全に着席を保証するものではなく、あくまで「優先的に着席できる」ということでした。通常の客も駅構内で列を作っていますから、発車直前になれば、着席券を持っていようといまいと、客は列車に殺到します。ですから、着席券は発車の5分前を過ぎると失効する決まりになっていました。

そもそも着席券は、旅客へのサービスというよりは、国鉄側の都合による面が大きかったようです。

戦時中の昭和17年に「戦時陸運非常体制」が制定されて以来、全国の列車で本格的な乗車制限が企図され、昭和19年4月からは「列車指定券（票）」というものを配布して、乗車日と列車を指定する極端な措置が採られました。

終戦後も乗車制限は続き、並んだ列の先頭から順にきっぷを発売するという単純な方法に変わっています。ところがこの方法、大きな駅を中心にダフ屋の横行を招きました。終戦直後の鉄道の様子を克明に紹介している宮脇俊三著『増補版　時刻表昭和史』（角川文庫刊）には、そのことが次のように記されています。

「窓口の列は、だんだん長くなった。が、並んでいるのはボロをまとった少年ばかりである。彼らが旅行をするとは思えない。空襲で親や家を失った戦災孤児が、流れ流れて、この弘前《ひろさき》駅での切符買いに駄賃をもらって行列しているらしい。」

ダフ屋の手口はさまざまで、このような〝サクラ〟を使った方法や、列の前のほうでやくざ風の男が何人も列に割り込み、後ろの列の人を威嚇することもあったそうです。ターミナル駅では、きっぷを買い求める客があふれ返り、トイレへ行こうにも、列を外れれば割り込まれるし、かといって荷物を置いたまま列を離れれば簡単に置引きに遭ってしまうご時世ならではの光景です。鉄道公安職員が創設されたのは昭和22年のことでしたから、終戦直後はダフ屋行為のような不正を取り締まろうにも取り締まれない無法状態が続いていたようです。

そのことに業を煮やした国鉄が考案したのが着席券でした。着席が保証されれば、割込みや置引きなどの犯罪行為をある程度まで防ぐことができると踏んでいたのでしょう。ところが敵もさるもので、今度は〝サクラ〟に着席券を買わせました。着席券を買わなくても、通常の列の前のほうに並んでいれば確実に座ることはできたので、列の割込みを防ぐ効果も薄かったようです。『札幌駅80年史』（札幌駅80年史編さん委員会刊）には、札幌駅では昭和24年9月から着席券の発売が開始されたが、不評のためまもなく廃止されたとありました。理由は明らかにされていませんが、席数が少ない北海道の列車の着席券をダフ屋に買い占められたのでは、結局、着席券がない場合とさほど変わらないと判断されたのではないでしょうか。手間ばかりかかって効果が薄いとなれば、当然のことでしょう。

東京地区や関西地区では、昭和31年11月のダイヤ改正で、いったん、着席券の発売が中止されましたが、昭和38年に関西地区で、昭和39年には東京地区で復活。昭和40年代前半には、平日でも着席券購入に徹夜組が出ることがあり、一時は往復ハガキによる申込みも行なわれました。

お盆の帰省ダイヤを収録した『国鉄監修時刻表』昭和45年8月号には、着席券の最盛期を物語る「発駅着席券を発売する列車」という記事が載っています。これを読むと、東京、中部、関西のほか、中国、四国、九州、新潟、東北の各地区でも着席券が発売されていたことがわかります。枚数は42万枚で、東京地区では、着席券の発売対象を乗車券や急行券と同時購入した客か、すでに購入した乗車券と急行券を提示した客に限られました。一部の列車では区間制限も行なわれていて、この記事では、上野～青森間を常磐線経由で運転する急行「十和田」で、一ノ関以北への乗客に限って発売する旨が書かれています。

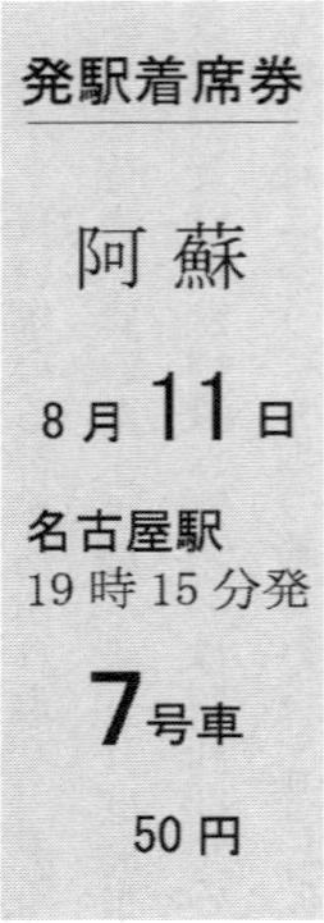

発駅着席券の様式には、各地域でさまざまなものがあった。この様式は、昭和40年代の名古屋駅発行のもの。購入した乗客は、ビニール製のホルダーに入れてピン留めし、ワッペン代わりにしていた

着席券は、昭和47年7月に「乗車整理券」と改称され、昭和50年代まで販売が続きました（上野駅は昭和50年まで）。長い間、着席券の制度が続いた理由は、座席指定券の発売態勢そのものが人海戦術に

よる手作業販売に頼っていて、指定席を増やそうにも増やせなかった時代が長かったことに尽きると思います。指定席を連結した新幹線が数分ごとに走り、鉄道よりも安い航空会社の飛行機が飛んでいる現在では想像できない制度ですが、「座る」鉄道のサービスを語る上では、見逃せない歴史のひとコマではないでしょうか。

集団就職がもたらした自由席の風物詩――テント村と品川始発

平成17年（2005）に封切られた映画『ALWAYS 三丁目の夕日』では、鉄道模型とSFX（特殊撮影）を駆使したリアルな鉄道シーンがとても印象的でした。

なかでも、堀北真希演じる六子《むつこ》が乗る集団就職列車(注)のシーンは、貴重な労働力であることから「金の卵」と呼ばれた若者たちに支えられた昭和30年代前半の鉄道の様子を見事に映し出していましたが、ラストに登場した年末の帰省列車は意外と空いていて、リアルさに欠けた感じがしたものです。

この映画の設定は昭和33年（1958）。当時、長距離列車の3等車（ハザ）を使ったお盆や年末の帰省といえば、長時間駅に並び、すし詰めの列車に乗るのが常識で、オート三輪（三輪トラック）で列車を追いかけて来た鈴木オート夫妻に向けて窓から手を振ることは難しかったはず。

もちろん、これは演出の都合であえてリアル感を捨てたものであることはわかりますが……。

昭和25年の朝鮮戦争による〝特需〟がきっかけとなり、日本国内は、昭和29年から昭和32年まで連続31カ月にも及ぶ好景気に沸きました。「神武景気」と呼ばれたこの好景気は、昭和40年代にかけての高度経済成長期の足がかりとなりましたが、急激な景気の上昇は極端な労働力不足を招きました。そこで待望されたのが『ALWAYS 三丁目の夕日』に登場した六子のような存在でした。

現在ではほぼ100パーセントといえる高校進学率は、昭和30年代前半は50パーセントをわずかに上回る程度でした。これは、貧困にあえぎ、高校へ進学できない地方の若者が多かったことを示しています。人手が不足している都市と、少しでも早く収入の道を得たいと願う地方の思惑が一致して、若者がどんどん都市部へ流出していきました。そうした世相を反映して現れたのが集団就職列車でした。

集団就職した若者たちは、企業が長期の休暇に入るお盆や年末年始には、必ずといってよいほど帰省をしていました。経済の右肩上がりが続き、世代を追うごとに、その数は膨れあがっていきましたが、新幹線のような大量高速輸送手段がなかった時代は、長距離列車の始発駅に旅客が殺到しました。なかでも首都圏への集団就職者の大半を占めていた東北地方の玄関口・上野駅の状況はすさまじく、昭和32年の夏、22時以降に発車する夜行列車を待つ客の数が、20時時点で2万人にも上ったそうです。

こうなると、とても駅構内だけで列車待ちの客を収容することはできず、その行列は駅前広場まで延びていました。帰省客のほかにスキー客も加わる年末はさらに混雑が激しくなり、見かねた国鉄は、昭和34年12月から上野駅公園口前を中心にテントを張って待合所代わりとする、いわゆる〝テント村〟を開設しました。

テント村には、日中から三々五々、帰省客が集まり、顔見知り同士で酒宴を開いたり、碁や将棋で時間を潰したりと、その生態はさまざまでした。列車への誘導が終わり、待ち客がいなくなったテント村は、段ボールや新聞紙の残骸があちこちに見られ、まさに〝兵どもが夢の跡〟。上野駅のテント村は、季節の風物詩として昭和49年まで続けられたそうです。

テント村は、上野駅のほか、品川駅や大阪駅にも設置され、昭和43年7月に国鉄大阪鉄道管理局が発行した『増発列車時刻表』の「8月10日→14日　大阪・京都・新大阪駅始発列車乗車のご案内」という記事で、大阪駅におけるテントの所在を案内しています。これによると、山陽、九州方面は東口広場、山陰方面は西口広場と、方面別に設営されていたのがわかります。

昭和41年8月、お盆の帰省時に上野駅南口に設営されたテント村。「着席券お持ちの方は発車ホームにお並びください」の掲示も見える。上野駅のテント村は昭和46年に公園口のみとなった

上野から東北方面へ向かう乗客に対しては、テント村を設営するだけではなく、始発駅を品川へ分散させて、乗客の集中を防ぐ措置も採られていました。東京機関区や品川客車区に隣接し広大な敷地を持つ品川駅は、臨時列車用の遊休ホームが数多くあることから、上野駅の代替始発駅として最適でした。

品川始発が初めて行なわれたのは昭和35年12月28日のことで、このときは、31日までの4日間、東北本線や磐越西線、奥羽本線を経由する15本の列車が対象になりました。このうち、急行や準急はわずか3本でした。これは、全体の優等列車の本数が少ないこともありましたが、中学を卒業したばかりで賃金が安い若者にとって、急行や準急が高嶺の花であったことも示しています。当時、

昭和46年頃、懐かしい上野駅の発車案内板の下に掲示された各列車の待合せ場所。この写真は5月に撮影されたもので、ゴールデンウィーク中にもテント村が設営されたことがあったようだ

奥羽本線を代表する青森行きの急行「津軽」は、これで帰省できれば東京で成功した証と言われたことから〝出世列車〟という異名が付いたほどです。

品川始発は、昭和40年から、年末のほか夏にも行なわれるようなりました。『国鉄監修時刻表』昭和45年8月号を見ると、対象本数は12本で、開始当初と大差なく思えますが、青森行きの1本を除いてすべて急行になっており、帰省列車の優等化が進んでいるのがわかります。

この品川始発は昭和50年まで続けられました。

ちなみに、昭和40年代には、東京、中部、関西地区に集団就職の若者向けに「わこうどコーナー」という特設窓口が設けられ、帰省用の臨時列車の指定券を1カ月前（当時は通常1週間前）から発売する措置が採られたこともありました。対象となった臨時列車は「わこうど」という文字が冠された列車名が多く、『国鉄監修時刻表』昭和47年12月号によると、東京、品川から九州方面へは「わこうどはかた号」「わこうど日南号」「わこうど屋久島号」「わこうど高千穂号」が、上野、品川から東北方面へは「わこうど十和田号」「わこうど津軽号」「わこうどざおう号」「わこうどおが号」が運転されていました。

これら集団就職者向けの施策(注)は、昭和47年に発足した田中内閣の運輸大臣だった佐々木秀世の発案によるもので、運賃を5割引にするという案もありましたが、国鉄側が難色を示し2割引に落ち着いたという経緯があります。「わこうど号」は、佐々木大臣の案では専用列車でということでしたが、結局、一般の臨時列車に併結する形に落ち着いています。

(注)▼集団就職列車……戦時中は、軍需工場へ動員に近い形の集団就職列車が存在したという。戦後に入ると昭和20年代後半から運転されるようになり、昭和29年には青森から上野までの集団就職列車が初めて運転された。
▼集団就職者向けの施策……国鉄における20歳以下の勤労者向け施策は昭和41年7月から始められ、片道100キロ以上の運賃が2割引となった。ただし、適用は7月10日～8月20日と12月15日～1月25日の間の各1回に限定された。割引に際しては、事業所の代表が労働基準監督署へ割引証を申請しなければならなかった。

青函連絡船で後回しにされた周遊券の自由席客

鉄道の自由席では定員オーバーが許されることがありますが、船となるとそうはいきません。80年間、青森と函館を結び、昭和63年（1988）3月に廃止された青函連絡船は、鉄道と一体で運航されていたことから「海のレール」と言われていましたが、あくまで航路であるので、自由席の普通船室といえども定員は厳守されました。その結果、定員オーバーの客を乗せた列車が到着すると積み残しが出ることがあり、あぶれた客は次の便へ回されることがありました。

連絡船が発着する青森駅や函館駅では、列車が到着するたびに客が我先にと桟橋へ駆け出していくシーンをよく見かけました。しかし、いち早く桟橋改札口に並んだ順から乗船できたのかというと、必ずしもそうではありませんでした。青森または函館で接続する列車の指定券や連絡船の指定券（グリーン船室指定席や寝台）を持っていた人が乗船できないと大変なことになってしまうので、基本的に連絡船ではそういう客が最優先に乗船できる決まりになっていたのです。そのことを示すように、時刻表には「青函連絡船は連絡船または接続列車の指定券をお持ちの方が優先乗船になります。」と明記されていました。

青函連絡船旅客名簿 (大人・小児用) 特

THE LIST OF FERRY PASSENGER

住所 Present Address:		
氏名 Name:	年令　才 Age:	性別 男 (Male) 女 (Female)

(ご案内) Note:

1 ご記入のうえ、乗船の際、係員にお渡しください。
Please complete this form befor submit to the JNR clerk concerned.

2 この名簿は、6才未満の幼児・乳児の方もいります。
children & babies under six years are also required to use this list.

3 グリーン船室にご乗船のお客さまは、淡緑色の用紙の名簿をご使用ください。
Passenger boarding in greeen cabin will use the light green paper.

青函連絡船乗船時に必要だった乗船名簿（見本）。緑色のグリーン船室用と白色の普通船室用があった

では、優先乗船はどのような方法で行なわれていたのでしょうか。

連絡船に乗船する際は、乗船改札口で記入済みの旅客名簿、いわゆる〝乗船名簿〟を係員に渡す必要がありました。連絡船に接続する特急や急行では、専務車掌が車内で指定券の確認をしながら乗船名簿を配布していました。特急の場合、特の印が付いた名簿が配られていたので、特急からの客であることがひと目でわかるようになっていました。

北海道側を走っていた特急の場合、乗船名簿を配り終えると、八雲《やくも》付近から専務車掌が連絡船の指令と連絡を取り合い、配布状況から乗換え客の内訳を逐一報告していました。そのために、北海道で使用していた「キハ80系」と呼ばれる気動車

のロザ（キロ80形）には、専務車掌室の真上に「青函無線アンテナ」と呼ばれる専用のアンテナが取り付けられていたほどです。

一方、この名簿は連絡船にすぐに接続しない一部のローカル急行や普通列車では配布されなかったので、桟橋にある案内所で無印の乗船名簿を受け取る必要がありました。

優先乗船は、乗船名簿にある「特」のマークの有無でおもに判断されていて、桟橋改札前では、マーク付きの乗船名簿を持つ客とマークなしの乗船名簿を持つ客の並ぶ位置が違っていました。無印の乗船名簿を持つ客は乗船が後回しにされることがあったのです。

この優先乗船が徹底されていたのが深夜便でした。昭和50年頃の時刻表を見ると、青函連絡船の深夜便は上下2往復が設定されているのがわかります。下り便の場合、青森から

青函連絡船旅客名簿
THE LIST OF FERRY PASSENGER

甲（A）

住所 Address:		
氏名 Name:	年令　才 Age:	性別 男(Male) 女(Female

（注　意）
1　甲、乙の両片ともご記入のうえ、乗船の際、係員にお渡しください。
2　グリーン船室にご乗船のお客さまは、淡緑色の用紙の名簿をご使用ください。
3　この名簿は、6才未満の幼児・乳児の方もいります。

19時45分出港

乙（B）

住所 Address:		
氏名 Name:	年令　才 Age:	性別 男(Male) 女(Female)

(Notice)
1　When boarding, please give this list to the clerk, after filling out both A & B sheet.
2　Passenger boarding in green cabin will use the light green papr.
3　Children & babies under six years are also reguired to use this list.
452—(2)

昭和40年代前半まで使われていた乗船名簿（グリーン船室用）。甲・乙の各片を切り離すようになっており、甲を乗船前に、乙を乗船後に渡すことになっていた。甲に押されている出航時刻のスタンプは、「特」マークと同じく優先乗船の目印に使われていたようだ。乗船名簿に３桁の数字を入れて、その番号別に優先乗船させる方法もあった

接続する主要な優等列車は、上野からやって来た特急「みちのく」「はつかり5号」、大阪からやって来た特急「白鳥」で、この3本の定員は合わせて2160人（車種によって若干変動あり）。一方、連絡船の旅客定員（当時）は2便合わせて2660人で、単純計算では500人の余裕があります。

この500人というのは、一般的なボックスシートの普通車に換算すると6両分程度。当時の国鉄の旅客列車は普通列車といえども10両前後の編成はざらでしたし、お盆や年末年始といった繁忙期のピークには、接続列車以外からも客が殺到して、到底2便では捌《さば》けなかったのです。

国鉄では、このことを見越して、後続の貨物便に旅客を乗せたり、深夜2時台に臨時旅客便を設定して、積み残しの客に対応していました。

このような状況で、優先乗船の対象から必然的に外されていたのが、自由席利用オンリーの周遊券客でした。

昭和40年代後半、横長の大きなキスリングリュックを背負った、いわゆる「カニ族」(注)と言われた人々が北海道の夏の風物詩になっていました。カニ族たちは、北海道内国鉄線の急行自由席を自由に乗り降りできる「北海道均一周遊券」（後に「北海道ワイド周遊券」に改称）を利用することが多かったのですが、急行でも指定席を利用すると別に急行券も必要になるので、それを嫌ったカニ族たちにとって、指定券は眼中にないものでした。

繁忙期における周遊券の客は、国鉄にとってはあまり旨みのある存在ではなかったので、優先乗船の対象から外れても仕方がなかったのかもしれません。かくいう私も周遊券の常連でしたが、時刻表にある優先乗船の「脅し文句」に尻込みして、どうしても予定の接続列車に乗りたい場合は、連絡船の指定席グリーン券を購入していました。第二章に書いたとおり、当時は北海道～東北の優等列車の指定券の入手は非常に困難でしたが、普通船室の利用が一般的だった連絡船ではグリーン船室はめったに満席になることはなく、この方法は非常手段としてとても有効でした。周遊券をあらかじめ持っていれば、連絡船グリーン券の追加出費はさほど抵抗はありませんでしたから。

私は、昭和48年から昭和63年まで延べ20回程度、青函連絡船を利用してきましたが、時刻表に記載されているような優先乗船の扱いを受けたことはありませんでした。繁忙期のピークをあえて外していたので、あるいは、こういうときだけのきわめて限定的な扱いだったのかもしれません。昭和57年11月改正から(注)「檜山丸《ひやま》」「石狩丸」といった普通船室のみの船が深夜便2便のうち1

便に充当されるようになったため、繁忙期はあえて、快適な在来船が使われる2時台発の臨時便に乗ることもありました。これですと先を争うことなく、楽勝で普通船室で手足を伸ばせたからです。勝手を知った周遊券の常連は、こういう技もよく使っていたようです。

（注）▼カニ族……背負ったキスリングリュックの幅があまりにも広かったため、カニのような横歩きでないと、改札口を通るときや列車に乗るときに難儀したので、この〝異名〟が付いた。
▼「檜山丸」「石狩丸」……どちらも鉄道車両だけを運ぶ〝車両渡船〟として昭和51～52年に就航。昭和57年に老朽化した「津軽丸」「松前丸」に代わる車載客船に改造され再就航した。運用便は、時刻表上に「グリーン船室・寝台・食堂はありません」と書かれていたのですぐにわかった。両船とも青函連絡船の終航とともに引退し、最終的には海外へ売却されたが、「石狩丸」は解体。「檜山丸」はインドネシアへ売却後に火災沈没した不幸な船だった。

Column

座席輸送力確保の苦肉の策とも――寝台車の座席車代用

「寝台車を座席車として代用する」と言うと、第一章で紹介した「ヒルネ」のことではないか？　と思われそうですが、ときには、自由席確保の苦肉の策で、最初から座席車の代用として使われる例がありました。

昭和30年代の後半、お盆や年末年始という旅客の季節波動がピークを迎え、座席車が不足した場合、東京〜九州間や東北筋の急行では、2等寝台車（ハネ）を2等座席車（ハザ）として使用する例がしばしば見られました。

当時の2等寝台車は3段式なので、寝台解体後は1区画に片側3人ずつ座れる仕様になっていましたが、座席車代用として使う場合は、車体に掛かるバランスを考慮して2人ずつ座るようにしていました。通常のハザは、座席定員が88人であることが多かったのですが、標準的な2等寝台車は9区画で座席定員は36人、輸送力は半分以下です（左図参照）。乗り込んだ乗客はほとんどが立ち客となったようですが、なにせ、2等寝台車は片通路式で、立ち客を考慮して設計されていません。詰め込みすぎると、当然、通路側へ掛かる負荷が高まり、車体の片側に重心が偏ってしまいます。そのまま運転を続ければ脱線または台車バネの変形という危険性もあり、先に述べた急行「霧島」での事故以来、国鉄総裁の職権で、寝台車の座席利用が中止された経緯があります。

●通常のハザとハネの座席代用時の収容力比較（●＝乗客）

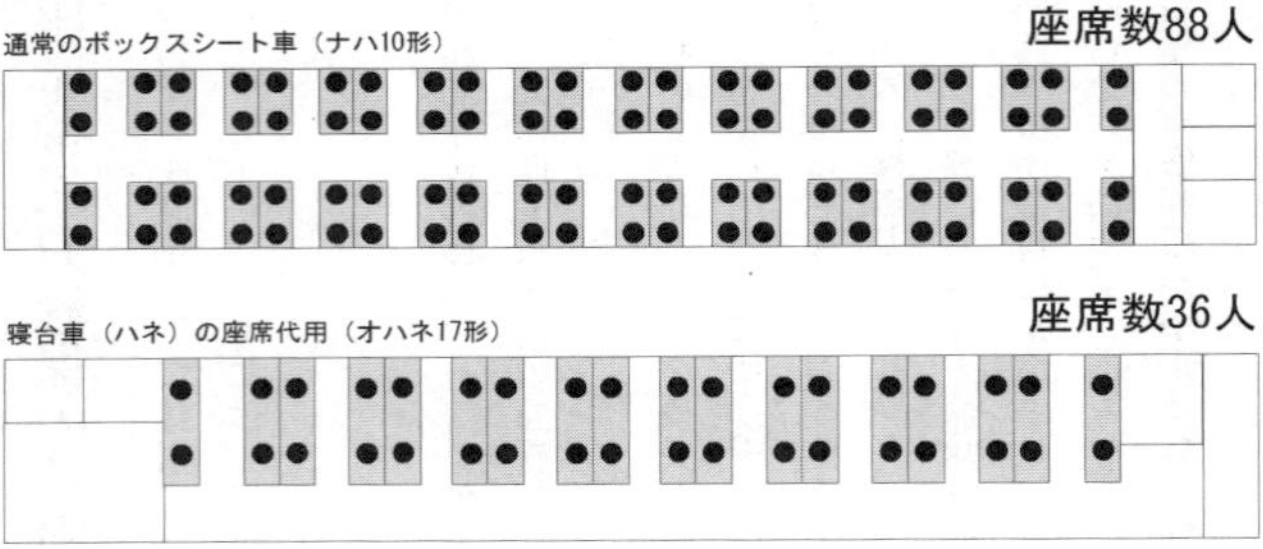

しかし、私の記憶では、昭和59年に北海道で寝台車の座席利用が復活しています。この年の8月、小樽埠頭で小樽博覧会が開催されたことに伴い、札幌から「スリッピ号」という直通臨時列車が会場まで運転されました。このとき、北海道へ渡って来たばかりの「14系」と呼ばれる寝台車が使われた列車がありました。さすがに、立ち客が出るほどの超満員になることはなく、私が乗車したときは1区画に1人または2人が座るといった状態でした。普通列車の自由席扱いなので、普通乗車券以外の特別料金を必要とせずに寝台車の旅を楽しめました。

14系寝台車は、翌年3月に行なわれたダイヤ改正で、札幌～稚内間の急行「宗谷」「天北《てんぽく》」に使われるようになりました。その際、すでに14系が使われていた夜行急行「利尻」と運用が共通化されたため、昼行の「宗谷」「天北」にも寝台車を連結した編成が現れるようになりました。その際、「オハネ14形」という寝台車の一角に、グリーン車扱いの座席が設けられたことは、拙著『グリーン車の不思議』で詳しく触れています。

この変則的な運用は、「宗谷」「天北」が気動車に置き換えられた昭和63年11月のダイヤ改正まで続きましたが、寝台車の座席車代用

遠軽（えんがる）駅で上下列車がすれ違っていた客車急行「大雪」

は、夏の繁忙期を中心に他の急行でも続けられたことがありました。

私は、札幌〜網走間で運転されていた客車急行「大雪」でその様子を目撃したことがあります。昭和30年代の座席代用は1区画に片側2人掛けとなっていましたが、「大雪」では遠慮なく3人びっしり着席しており、立ち客も若干出ていました。すでに国鉄はJRとなっており、国鉄総裁の命令もなんのその。もっとも、昭和30年代の2等寝台車は、車両の基礎となる「台枠」というものに、古い木造客車時代のものを流用しており、完全新規で製造されたオハネ14形は、昔と比較にならないほど車体性能が向上していたので、脱線の心配はなかったのでしょう。

ちなみに、寝台車として営業したいのに、人手不足でやむなく座席車として営業していた列車もありました。昭和50年3月のダイヤ改正後に設定された上野〜青森間の特急「ゆうづる3・7号」がそれです。この列車には、寝台・座席両用電車である583系が使われていました。昼間は座席車、夜は寝台車となる使い勝手のよい電車でしたが、夜も全車座席車として使われていたのです。

理由は、寝台の解体・セットを担当する車掌補の不足でした。

車掌補はもともと「列車給仕」と呼ばれ、乗客からは「列車ボーイ」とも呼ばれていました。夜行列車車内の接客をおもな任務とし、昭和37年には「乗客掛」、昭和43年には「乗務指導掛」に改称。昭和48年から車掌補となっていました。

夜行列車の運転距離が長く、昼間に走る時間が長くなる場合は、運転中に寝台の解体・セットがどうしても必要になるので、列車給仕の乗務は不可欠でした。しかし、14系や24系という寝台の解体・セットが自動化された車両が増えてくると徐々に数を減らされるようになりました。昭和50年には一時的に車掌補が不足状態となり、寝台の解体・セットの必要がない24系25型が登場した昭和51年には廃止。昼夜転換がどうしても必要な583系の場合は、車両基地で外注会社による解体・セットに切り換えられています。

夜行の583系を座席車に使う例は、平成24年（2012）の年末年始を最後に運転が打ち切られた大阪〜新潟間の急行「きたぐに」にもありましたが、この列車は583系に置き換えられる前から座席車が連結されていたため、かつての「ゆうづる3・7号」と同列には語れません。

第四章　国鉄ハザのボックスシート物語

薄縁《うすべり》付きが人気を集めた明治時代のボックスシート

鉄道車両のシートにはさまざまなタイプがあります。「ハザ」と呼ばれるＪＲの普通車は、特急型車両ではリクライニングシート（２人掛け・一方向きの回転式）が主流で、現在、唯一の定期急行列車となった「はまなす」の座席車もリクライニングシートです。都市圏を走る近郊型車両は、首都圏では通勤型車両と同じようなロングシートが主流になりつつありますが、私鉄と競合する中京地区や関西地区では、一方向きの転換式シートを備える車両もあります。

一方、ローカル線では、国鉄時代から使われている車両が多く、これらには２人ずつが向かい合わせに座る「ボックスシート」と呼ばれる座席がかなり残っています。プライバシーが尊重される昨今、他人と面と向かい合うボックスシートは嫌われる傾向にあるようですが、鉄道車両で「座る」といえばボックスシートが源流で、国鉄時代のハザはロングシートの通勤型を除けばほぼボックスシートに統一されていました。本章では、ボックスシートこそ座る鉄道のサービスの根本と捉え、国鉄時代のハザに登場したボックスシートの変遷を辿っていきたいと思います。

画家の赤松麟作《りんさく》(注)が明治34年（１９０１）に発表した『夜汽車』という作品をご存知でしょうか。

赤松麟作『夜汽車』より（東京藝術大学所蔵）

この作品は、赤松が東京から三重県津市の中学校に赴任する際に乗った客車内を描写したもので、淡々と座席に身を任せている女性、マッチでタバコの火を擦る老人、暗い車窓を覗き込む男性の姿がとても印象的です。

驚くのは、この絵のなかで描かれている座席がとても粗末なことです。一応、ボックスシート（というよりは転換式シートにも見えますが）の体裁にはなっていますが、背ずりはないに等しく、お尻を乗せる座面も堅そうです。座席というよりは「ベンチ」に等しく、それも、公園でよく見かける背ずり付きのベンチよりはるかに座り心地が悪そうに見えます。このように粗末なシートに現代人が座れば、おそらく2時間も持たないのではないで

国鉄創業時、マッチ箱と呼ばれていた客車のボックスシート（鉄道博物館の展示モデル）。最初は板だけの簡素なものだった

しょうか。

粗末な座席でもよしとされていたのは、鉄道という確実な移動手段を確保できただけでも御の字で、「歩くよりはまし」という感覚がまだ根強かったからではないでしょうか。

さて、明治5年、国鉄が創業した当時の車両は、車体長が5メートル程度の「マッチ箱」と呼ばれる客車でした。当時は上等、中等、下等の3等級で、ハザに相当する下等は車内に通路がなく、ドアが各区画に取り付けられて、列車が発着するごとに駅員が外から開閉していました。また、車内は区画が3つに分けられ、座席は、1区画に10人が座れるボックスシートとなっていました。その様子は、現在、さいたま市の鉄道博物館で見ることができますが、

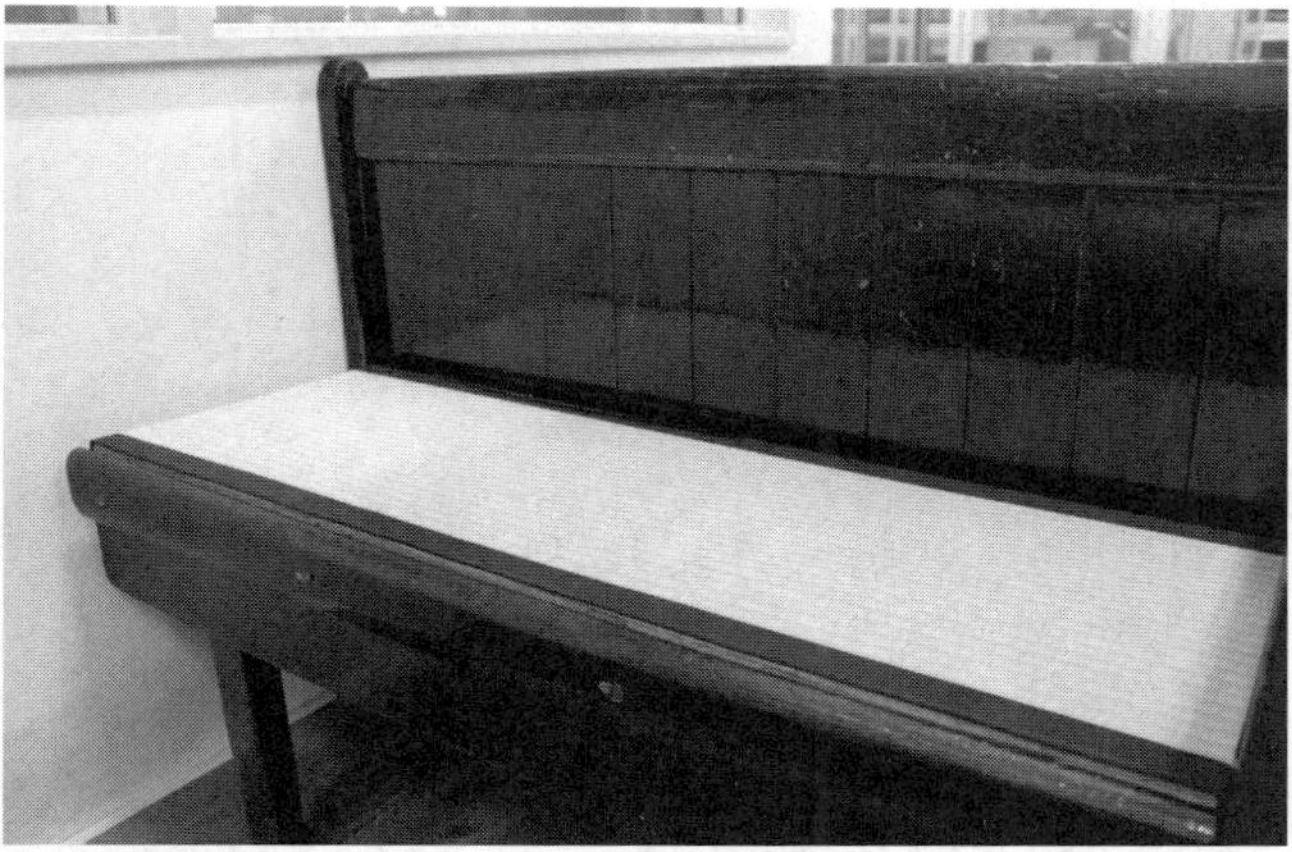

鉄道博物館に保存・展示されている、明治35年頃の薄縁付きボックスシート。背ずりは板張り

背ずりは壁で代用され、座面は板張りという簡素なものでした。そのため、明治8年8月から敷きぶとんの貸し出しが始まっています。

当時の鉄道は、新橋（現在の東京都港区汐留付近）～横浜（現在の桜木町駅付近）間の20キロ少々でしたから、簡素な座席でもなんとかなりましたし、なにより、徒歩か人力車でしか移動手段がなかった時代に、革命的な交通機関ができたわけですから、そのすごさに目を奪われて、粗末な座席はあまり問題にならなかったのかもしれません。

マッチ箱の客車は、明治時代の中期に入ると大型化し、明治22年、東海道線が全通するのを機に、現在のように中央に通路を設け、その両脇に座席を置くボックスシートの原型が生まれています。そして明治25年頃から、板張りだった座面に「薄縁」と呼

座面部分にようやくモケットが張られるようになった大正時代のボックスシートのモデル。鉄道博物館で実際に座って体験することができる。シートの幅が狭く背ずりが垂直なので、現代の感覚では落ち着いて座るにはほど遠い感じがする

ばれる、ゴザのようなものが敷かれるようになり、敷きぶとんに取って代わりました。赤松の『夜汽車』はその後に発表された作品ですから、座面には薄縁が備わっていたのでしょう。

もっとも、薄縁は、私鉄の日本鉄道で板張り座席に塗った塗料がなかなか乾かず、やむをえず座面に付けて誤魔化したことがきっかけとなったそうで、結果的に座り心地がよくなったことから国鉄でも採用に踏み切ったという逸話があります。新しいことが始まるのは、意外にもこうした「禍《わざわ》いを転じて福となす」という事例がきっかけになることが多いようですね。

大正時代に入ると、ようやく座面部分にだけ、現在のようなモケット(注)が張られ、クッションを

設けるためのバネも改良。相対的にハザの座り心地はよくなりました。大正時代といえば、第一次世界大戦の特需で景気がよくなり、鉄道利用者が飛躍的に伸びた時代でもありました。そうなると、人々の行動範囲が広くなり、必然的に列車に乗る時間も長くなります。少しでも座り心地がよいシートが求められるのは当然のことで、豊かさがシート改良の後押しをしたともいえそうです。

（注）▼赤松麟作……明治11年、岡山県津山生まれの洋画家。作品の「夜汽車」は明治35年に日本美術界で権威のある「白馬会賞」を受賞。昭和28年没。
▼モケット……毛足が長いビロード状の毛織物。シートの外側に張るのに使われる。一般的な無地モケットのほかに、コストダウンを図ったナイロンモケットや柄が段状になった段モケットもある。

狭いボックスシートの救世主だった「助板《たすけいた》」

ハザのボックスシートが粗末だった明治時代から昭和初期にかけて、列車に乗る人々が少しでも楽に移動するためのさまざまなサービスが生まれました。

長時間、列車のボックスシートに座るとき、もっとも苦痛なのは、靴を脱げないことと足を伸ばせないことでした。車内が空いていれば、向かい側の座席に足を投げ出すこともできますが、

鉄道博物館で保存されているオハ31形。車内は背ずりが板張りになったボックスシートが並ぶ。助板が公式なサービスとして提供されていたのは、この客車が登場してから数年先までだったようだ

それができない場合は、座席と座席の間の床に新聞紙を敷いて靴を脱ぐだけでもかなり楽になりました。その際、見知らぬ乗客に「新聞紙を敷いてよいですか?」とひと声かければ、そこからお互いが和み、会話が弾むこともありました。

明治時代から昭和初期にかけては、靴を脱いで足を伸ばすための「助板」というものが提供されたことがありました。

このサービスは、明治16年(1883)に開業した私鉄の日本鉄道の駅で提供されたものが最初です。座面と座面の間に板を渡して、その上に足を伸ばすことができるという原始的なツールで、真っ赤に塗られた木製の板には「汽車遠距離三等御乗客之便利器　助板」と書かれて

いました。

そのサイズは、長さ460ミリ、幅120ミリ、厚さ10ミリ。ちなみに、まだ助板がサービスとして残っていた昭和初期に登場した「オハ31形」という客車は、シートピッチが1300ミリで、座面と座面の間は450ミリ。助板はオハ31形のそれより10ミリしか長くありませんでしたから、板を支えるスペースが片側5ミリしかありません。これでは、列車の激しい揺れで板が外れることが結構あったのではないでしょうか？

助板が鉄道会社の公式サービスから外れた後も、個人で手作りしたものを持参していた人はいたようです。矢島睿《さとし》著『懐かしの北海道鉄道の旅　明治・大正・昭和期』（中西出版刊）によると、昭和29年（1954）、旭川の高校生が大阪への修学旅行の際に手作りの助板を持参したことがあったそうです。当時、旭川から大阪までは列車で2夜行という強行軍でしたが、助板を使って腰を伸ばして寝ることができたため、あまり疲労を感じることがなかったのだとか。

ただ、当時の客車はオハ31形よりシートピッチも座面間も広がっているので、長さ460ミリという昔ながらのサイズでは使えなかったはずで、自作の助板の長さが気になります。『鉄道ピクトリアル』2009年11月号には、ほぼ同じ時代に行なわれた高校の修学旅行の手記が載っていますが、これによると学校から長さ1000ミリ（1メートル）の助板がひとり1枚支給され、それを4枚組み合わせて座面の間に渡していたのだとか。これだとお座敷席のような形となり、足を投げ出して楽に移動することができたそうです。もっともこの手記では「新聞紙を敷いて床に寝るのが最高」と書かれていましたが……。

ちなみに、私は昭和49年頃、京都から札幌まで2夜行の鉄道の旅を体験しました。京都から青森までは急行「きたぐに」のグリーン車、青函連絡船もグリーン船室だったにも関わらずクタクタになりました（旅の帰路だったこともありますが……）。ひょっとしたら助板には、グリーン車のリクライニングシートをも凌ぐ快適さがあったのかもしれません。

ネックピローの元祖？ 夜行列車のボックスシートで提供された「軽便枕《けいべん》」

夜行列車や夜行バスなどで座ったまま眠るときに、首を固定するネックピローを使っている人をしばしば見かけます。ないと眠れないという人がいるかと思えば、あまり役に立たなかったという声もよく聞き、合う合わないの個人差が出やすいツールではないでしょうか。

実は、このネックピローに近いツールが、ハザのボックスシートでサービスとして貸し出されていた時代がありました。大正時代から昭和初期にかけて使われた「軽便枕」というものがそれです。

これも、助板と同じく、粗末なボックスシートでいかに楽に過ごすかという欲求から生まれたツ

軽便枕が提供されていた昭和初期の夜行列車（日本国有鉄道刊『日本国有鉄道百年 写真史』より転載）

ールです。背ずりの上部に小さな枕のようなものをくくりつけ、頭を座席にもたれやすくするもので、うたた寝スタイルをさらしたくないという女性に人気があったのだとか。

軽便枕は、大正9年（1920）8月、考案者の清水幹次が設立したピーエル合名会社という会社が信越線夜行列車のハザで始めたのが最初でした。

『日本国有鉄道百年　写真史』に掲載されている軽便枕のPR記事や、利用者に発行された軽便枕券によると、利用料金は距離や時間に関わらず1回30銭。現在の貨幣価値に換算すると800円前後といったところでしょうか。

利用を希望する客は、乗務している列車ボーイ（いわゆる列車給仕）に申し出ることになっていて、枕は洗濯済みの清潔なものが貸し出されたのだとか。ただ、サービス開始当初はすべての乗客に貸し出すだけの数が備えられていなかったので、PR記事には、乗客同士で話し合って譲り合いの精神で申し込んでほしいといった内容が書かれています。

軽便枕を貸し出している列車には、時刻表に「軽便枕アリ」と表記されていましたが、サービスは長続きせず、大正15年8月には枕を押し売りする悪質な係員が横行したためいったん廃止。昭和4年（1929）9月には国鉄直営で復活しましたが、昭和9年3月に廃止されています。このときは、すでに3等寝台車（ハネ）が登場し、庶民でもちょっと頑張れば寝台車に乗ることができるご時世になったことも多少影響していたようです。

ハザのボックスシートに革命を起こしたスハ43系客車

昭和に入ると、国鉄型客車の車体長が現在のような20メートル級となり、大型になりました。その最初のものは、昭和4年（1929）に登場した「スハ32系」と呼ばれる客車で、現在もJR東日本にイベント用として残されています。

車体の大型化によりシートピッチも拡大され、先代の「オハ31系」が1300ミリだったのに対してスハ32系は1455ミリとなりました。これで明治時代からの便利ツールだった助板は、板を渡すスペースが広がってしまい使えなくなりました。

当初、スハ32系のボックスシートは、座面だけがモケット張りで、背ずりは相変わらず板張り

かつて、東京の「船の科学館」に保存されていた旧青函連絡船「羊蹄丸」には、スハ43系客車（スハフ44 25）の実物が置かれていた。窓越しに頭もたれやテーブルがよく見えた

のままでしたが、昭和10年に登場した増備車からは背ずりもモケット張りとなり、ようやく戦後のボックスシートに近くなりました。

昭和14年には、窓を広くした「オハ35系」と呼ばれる客車が登場しています。窓を大きくしたことで車内は明るくなりましたが、ボックスシートはスハ32系のものとほとんど同じで、背ずりは直角、窓際には肘掛けがなく、通路側には頭もたれや握り手もない、スカスカな状態でした。

それでも、明治、大正期のハザに比べると大変な進歩で、客車の普通列車といえばモケット張りの直角なシートというイメージが長く続きました。そんなイメージに一石を投じたのが、戦後の昭和26年に登場した「スハ43系」という客車です。

この客車は、全国の主要幹線に急行を増発させるために製造されました。昭和50年代まで、客車の急行といえばスハ43系が定番だったのです。

スハ43系のボックスシートが画期的だったのは、背ずりが直角でなくなったことです。ちょうど腰があたる部分に傾斜が付けられていて、その部分だけ詰め物を多くして厚みを持たせていました。

窓側にはオハ35系まで省略されていた肘掛けが取り付けられ、通路側には仮眠しやすいように頭もたれも設けられました。これは、戦前の軽便枕の固定版ともいうべきものでしょうか。ただ、混雑しているときは、頭もたれが握り手代わりに使われることが多く、私もスハ43系に乗ったときはてっきり握り手だと思っていました。頭もたれとして快適に機能していたかどうか疑問な設備だったような気がします。

列車に乗ると、ゴミ箱はほとんどがデッキに備え付けられていますが、スハ43系では、当初、シートの座面下に蓋付きのゴミ入れが付いていました。客にとっては、ゴミを捨てるのにいちいちデッキまで出る必要がなくて便利なものだったようですが、生ゴミを捨てられることもあり、殺菌が面倒なこともあって、昭和27年度の増備車から廃止。ゴミ箱は洗面所に設置するように改められました。

小樽市総合博物館に保存されているスハ43系（スハフ44形）のシート。背ずりの傾斜や頭もたれが付くなど、戦前までの客車とは異なるアコモデーションがよくわかる

ゴミ箱に代わって備え付けられたのが栓抜きで、通路側肘掛けの後部に取り付けられていました。ペットボトルや缶入りの飲料が普及した現在では完全に無用の長物と化していますが、当時は栓付きのビン入り飲料だったので、栓抜きが付いていなかった時代は窓の枠を使って無理やり開けようとする乗客が多く、窓周りに傷が付くことがよくあったそうです。

このように、戦前生まれのスハ32系、オハ35系と戦後生まれのスハ43系では、同じハザのボックスシートといっても、居住性に雲泥の差がありました。全国の主要な急行ではスハ43系がおもに使われていましたが、臨時列車や普通列車になると、客車を寄せ集めて編成を組むため、並んでいる列にどんな客車が来るのかは運次第。１０３～１０５ページで紹介した「からまつ」の場合、スハ43系とオハ35系が混在していたため、改札が始まりホームへダッシュしたとき、目の前にいる客車がどちらかを瞬時で判断する目がないと、直角シートのオハ35系で不遇な夜を過ごす羽目になりました。青色の車体がスハ43系、ブドウ色の車体がオハ35系という見分け方もありましたが、オハ35系でも青色の車体があったので、しばしばだまされたこともありました。

レールバスの小さな小さなボックスシート

客車では、スハ43系で一気にバージョンアップした感のあるハザのボックスシートでしたが、電車や気動車ではどうだったのでしょうか。

スハ43系が登場した当時の電車や気動車は、まだまだ短距離に使う車両という考え方が支配的で、ハザのボックスシートはスハ43系と比べると小ぶりにできていました。

左図は、スハ43系（スハ43形）を基準として、当時、東海道本線で最新鋭の電車だった80系(注)（モハ80形）、スハ43系よりやや遅れて登場したキハ17系(注)（キハ17形）、キハ03形（後述）のシート寸法を比較したものです。

これを見ると、背ずりの高さはキハ03形以外はほぼ変わりませんが、座面の幅はモハ80形が若干小さく、キハ17形とキハ03形は1割ほど小さいのがわかります。
シートの形は、80系がスハ43系と同じく、背ずりに傾斜が付いたモケット張りだったのに対して、キハ17系は傾斜のないビニール張りでしたから、掛け心地の点では80系のほうがやや上でした。ただし、初期の80系は、モケットが張られているのが腰の部分のみだったので、評判は芳しくありませんでした。この変則的な背ずりは、現在、大阪の交通科学博物館で保存されているクハ86形とモハ80形で見ることができます。

●スハ43系を基準とした座席寸法の比較

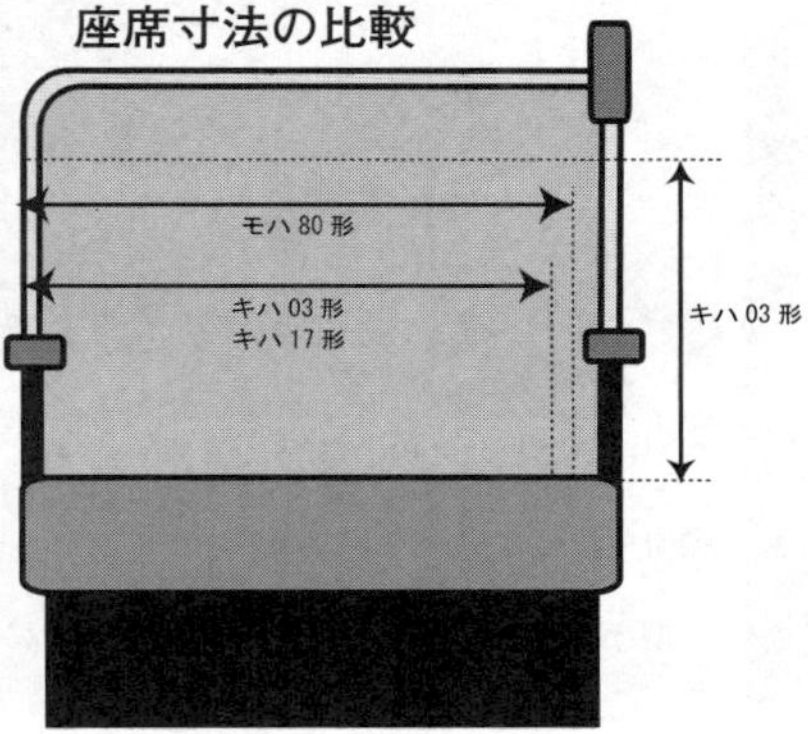

　電車や気動車のボックスシートは、昭和30年代に入ってから次第に大型化しています。電車では昭和32年（1957）に登場した80系300番代、気動車では同じ年に登場したキハ20系(注)から大型シートが採用され、当時、最新鋭の客車だったナハ10系(注)と呼ばれる軽量客車とほぼ同じ仕様となりました。

　小ぶりなボックスシートといえば、上には上があるもので、昭和20年代の末に登場した「レールバス」(注)と呼ばれる

キハ03形のシート。座面、背ずりともにビニール張りで、座席というよりほんの腰掛け程度という形容がふさわしい

小樽市総合博物館の旧手宮機関車庫内に展示されているキハ03形

小型気動車のものは、究極と言えます。

現在、国鉄のレールバスは、北海道の小樽市総合博物館に「キハ03形」と呼ばれるものが唯一、保存されています。保存状態は良好で、車内に入ることもできますが、このボックスシートに座ってみると、昔の人はよくこんな狭いシートに耐えられたものだと感心します。

座面の幅こそキハ17系と同じ880ミリですが、背ずりの高さはなんと530ミリ。スハ43形より2割も低く、これでは、頭の大半がはみ出しそうです。シートピッチは1340ミリしかないので、脚長になった現代人が満席状態で座れば、確実に膝頭がぶつかってしまうでしょう。

レールバスは、対スハ43形比で、車体長は半分程度、車体断面を3割ほど小さくして製造されました。床面から屋根までは1900ミリしかないため、背ずりが極端に低くなるのも当然ですが、行き過ぎた小型化で耐久性が犠牲にされた代償は大きく、昭和42年頃までに姿を消しています。

（注）▼80系……昭和25年3月、東海道本線に初めて登場した本格的な電車。東海道本線の中距離電車が「湘南電車」と呼ばれるきっかけをつくった。
▼キハ17系……昭和28年に登場した一般型気動車。先頭車の運転台から編成中の全車両を制御できる「総括制御」と呼ばれるシステムを国鉄の気動車で最初に本格化させた車両。
▼キハ20系……昭和32年に登場したキハ17系の後継車。車体幅が広くなり、居住性が格段に向上。国鉄時代はキハ17系とともに、ローカル線でよく見られた車両だった。
▼ナハ10系……速度と輸送力を向上させるため、スハ43系より車体重量を30パーセントほど軽量化した客車で、昭和30年に登場した。軽量構造が仇となり、車体の腐食を早めたことが致命傷となって、JR移行を待たずに消滅した。
▼レールバス……昭和29年から31年にかけて49両が製造された。昭和28年、当時の長崎国鉄総裁が欧米を視察した際に、西ドイツ（現・ドイツ）やフランスで目にした小型の2軸式気動車が目に止まったのが製造のきっかけとなった。製造費や燃費を削減できるメリットはあったが、国鉄の工作部では輸送力があまりにも小さすぎるという理由から、製造には消極的だったという。

修学旅行用電車に登場した国鉄初の3人掛けシート

国鉄車両のボックスシートは、創業時を除けば2人掛けが基本でした。昭和25年（1950）に80系電車が登場した際（注）、1時間以上の乗車を考慮して中央部の2人掛けを片側だけ3人掛けにする案が出ましたが、通路の幅が変則的になってしまうため見送りになったという経緯があります。

そんな3人掛け構想が、修学旅行用という特殊な用途の電車で実現しました。昭和34年4月、東海道本線にデビューした「155系」と呼ばれる電車がそれです。

さて、修学旅行といえば、最近では航空機の利用が珍しくなくなり、鉄道を利用する際も新幹線や在来線特急の利用が当然になっています。しかし、昭和20年代から30年代にかけては鉄道利用が専《もっぱ》らで、休眠中の客車を寄せ集めた専用列車に多くの生徒や引率の先生が詰め込まれ、ときには前述した助板を使いながら、難行苦行の旅を強いられていました。

公益財団法人日本修学旅行協会の『修学旅行の歴史』によると、修学旅行用の専用列車が初めて運転されたのは昭和27年のことでした。この年に国鉄を利用した修学旅行の輸送人員は延べ2958万人にも上り、国鉄の団体輸送の9割近くを占めたそうです。当時の高校生が生まれた昭和10年の出生率は、現在のおよそ3倍。文部省（現・文部科学省）の『我が国の教育水準（昭和39年度）』によると、昭和33年に制定された「公立義務教育諸学校の学級編制及び教職員定数の標準に関する法律」で、公立小・中学校の1学級当たりの人数の標準を50人に定めたとありますか

東海道本線に登場した初の修学旅行専用電車155系。愛称は「ひので」「きぼう」と命名され、8両編成または12両編成で運転された（日本国有鉄道刊『国鉄電車60年のあゆみ 1964』より転載）

ら、地域差もありますが、それ以前の時代には60人以上も珍しくなかったのでしょう。40人以下の学級がほとんどになった現在と比べて、いかに子供の数が多かったかがわかります。

必然的に一行程の人数が1000人を超えるような修学旅行が常態化し、学校ごとの個別の輸送に限界が生じたためか、昭和29年には和歌山県の中学・高校が、日本で初めて専用列車による修学旅行の連合輸送を始めています。

また、この時代には修学旅行中の事故も多発しており、昭和29年10月には麻布学園中学校の生徒が相模湖遊覧船に乗船中、定員オーバーで船が沈没して22人が死亡するという事故が起こっています。もっとも痛ましかったのは、昭和30年に宇高《うこう》連絡船で発生した「紫雲《しうん》丸事故」で、高知、愛媛、広島、島根各県の小中学生、保護者、教師109人が亡くなるという大惨事となりました。その翌年には参宮線《さんぐう》でも修学旅行生を乗せた列車が脱線衝突事故を起こし、生徒と引率者計30人が負傷（うち1人は後日死亡）しています。

そのため、当時の文部省は小学校で宿泊を要する旅行を行なわないこと、修学旅行の実施時期を分散することなどを含めた通達を出しています。

こうした事故のリスクもさることながら、血気盛んな中学生、高校生たちを引率する先生たちの苦労も絶えませんでした。現在のように冷水機やペットボトル入りの清涼飲料水がなかった時代、修学旅行は水筒持参が当たり前で、列車が駅に停車すると水を汲みに我先にと洗面所へ駆け出す生徒たちが後を絶たなかったそうです。水汲みに夢中になり、最悪、置いてけぼりを食らう生徒が出る恐れもありましたし、客車のドアが自動ではないので、生徒が勝手に降りてしまう危険もありました。引率の先生は車掌以上に神経をピリピリさせていたことでしょう。

そんな時代が続いたわけですから、子供たちをより安全、快適に運び、引率する先生にも優しい鉄道車両が望まれるのは当然で、昭和33年6月には、山陽本線姫路電化用に増備された80系電車を使用した、品川～京都間の修学旅行専用列車が運転されました。このときは、補助椅子を使用したものの、新聞紙を敷いて床に寝転がるようなこともなく、全員が着席した状態で移動できたそうで大変好評でした。ただ、国鉄側としては、本来、一般営業用に増備した長距離用電車を修学旅行用に転用するのは難しく、新たな専用電車を製造することを東京都教育委員会へ提案しました。国鉄が車両を新製するには、国会での予算措置を経ないと難しいという問題があるので、受益者が鉄道債券を買い上げて製造費を負担する「利用債」と呼ばれる方法が採られました。この方法は、利用債向けの融資を実行する銀行の理解も得られたためにスムーズに運びました。関西地区からも利用債を受け入れる動きがあったことから、修学旅行用電車は国鉄理事会で製造が決定してからわずか半年余りで竣工に至り、昭和34年4月20日から運転が始められました。

この修学旅行電車は、前年に登場した東海型と呼ばれた「153系」に準じた走行性能を持っていましたが、車内は一般営業用の車両にはないさまざまな特徴がありました。ボックスシートという視点で見ると、やはり片側が3人掛けとなったシートです。座席幅と通路幅を可能な限り切り詰めるとともに、窓側の肘掛けも省略するなどして、一行程1000人規模の修学旅行でも全員着席を目指しました。そのため、3人掛け席の座席幅は1人当たり450ミリに。一般営業用の153系が480ミリ程度ですからやや狭いのですが、着席できないよりははるかにマシでした。東海道本線の修学旅行列車では、東京発の場合、往路が昼行、復路が夜行になるパターン

まるで新幹線の3列シートを先取りしたかのような155系の3人掛けボックスシート。荷物棚がシートと平行に設置されたのも155系からの試み（日本国有鉄道刊『国鉄電車60年のあゆみ 1964』より転載）

がほとんどだったので、3人掛け席の通路側はもちろん、中間の席にも頭もたれが取り付けられています。

おもしろいのは、ボックスシートの間にテーブルが設置されたことで、一般営業に使うことを考慮して、脱着可能な構造になっていました。ボックスシートのテーブルは、現在、JR北海道の「キハ54形」という気動車やトロッコ列車に取り付けられていますが、そのルーツは155系だったのです。

修学旅行には急病人が出ることも多かったので、区画の一部は、座席と座席の間に脚が付いた腰掛けふとんを置くことで簡易な寝台にできるようにしました。これは、各校の校医からの要望によるもので、腰掛けふとんは、助板の発

鉄道博物館に保存されている修学旅行用電車167系のカットモデルに残されているシートのテーブル。167系は155系、159系に続いて登場した電車で、159系と同様、2人掛けのシートとなった

想を応用したようにも見えます。

修学旅行用電車は、当時取られたアンケートでも大変好評で、昭和36年には中京地区向けに「159系」という電車が登場しています。こちらは、東京や関西ほど利用客がないこと、修学旅行のオフシーズンが長く、一般営業用にも使うことが多いため、ボックスシートはすべて2人掛けとなっています。155系で要望された休養室はこの車両にも設けられ、その部分はA寝台の下段のように、座面部分を展開して寝台のようにできる構造になりました。

ちなみに、国鉄時代は、新幹線用の試作車を除いて、155系以降、3人掛けのボックスシートが登場していません。JRへ移行してから、JR東日本のクハ415-1901という2階建ての車両に3人掛けが登場しましたが、短命に終わっています。現在は、JR北海道の「ノロッコ号」など観光向け客車でしか3人掛けのボックスシートを見かけません。

修学旅行専用電車は、その後、昭和40年に走行性能をアップさせた167系が登場していますが、地方の非電化区間からも要望が高かったため、昭和38年には車内設備を159系に準じたキハ58系の修学旅行専用車両が登場しています。こちらは東北や九州で使われ、「おもいで」「とびうめ」の愛称名が付けられていました。

（注）▼2人掛けが基本……ただし戦時中や終戦直後は2人掛けのシートで3人掛けを励行する動きがあった。

「くの字」で寝るのが苦痛だった特急型のボックスシート

昭和30年代から40年代にかけて、特急型車両のシートは一方向きが基本で、これは現在のJRにも引き継がれています。ボックスシートの急行が多数を占めていた時代は、一方向きのシートというだけで特急としての差別化を図ることができましたから、プライバシーを重視する人々は、シートの違いであえて特急を選ぶこともあったのではないでしょうか。

そんな時代に、ボックスシートの特急型車両が現れています。昭和42年（1967）10月にデビューした「581系」という電車です。

581系は、夜は寝台車、昼は座席車として運用する国鉄初の昼夜兼用電車です。当時の1等寝台車（ロネ）と同じく寝台を線路と平行に配置し、中央を通路とする「プルマン式」と呼ばれる形を採用したため、座席状態にした場合は必然的にボックスシートとなりました。

寝台状態の場合、ベッドの長さは約1900ミリあったので、これに合わせると座席状態のシートピッチは1970ミリになりました。この寸法は、戦前生まれのロザのボックスシートとほぼ同じ。従来の標準的なハザのボックスシートより500ミリ以上も広い値です。581系の登場で、寸法的にはハザのボックスシートがロザのそれに追いついたと言えます。

581系のボックスシートが画期的だったのはそれだけではありません。

一方向きシートの場合、テーブルと灰皿は前席の背面に取り付けられていましたが、ボックスシートの581系ではその構造を採れないため、通路側にのみ肘掛けに内蔵するタイプのものが取り付けられました。ユニークなのは窓側の肘掛けで、寝台に転換する際は、従来の肘掛けのように内側に出っ張っていると都合が悪いので、凹んだ肘掛けのユニットを窓側に埋め込むように取り付けました。日除けはカーテンではなくブラインドで、二重窓の側窓の間に取り付けられていて、開閉は窓側上にあるハンドルで行なうようになりました（ただし、二重窓とブラインドは

583系ハザのボックスシート（写真はJR東日本の車両）。シートピッチが広いため、向かい合わせに座ってもよほど足が長い人と乗り合わせない限り、膝がぶつかることはなかった

JR移行後に撤去）。

昭和43年10月には、3[注]電気方式の「583系」も加わっていますが、ハザのボックスシートは581系と同じ仕様になっています。

このように、特徴が多かった581・583系でしたが、それゆえに評価は大きく分かれているような気がします。特急といえば、現在でも一方向きのシートという固定観念が根強いので、せっかく期待して乗った特急がボックスシートだとわかると「なんだ、急行や普通列車と同じじゃないか」と落胆する人は少なくありませんでした。特に、581系の昼行初運用列車となった新大阪～大分間の特急[注]「みどり」は、当時、新婚客の需要が高かった日豊本線を走るため、向かいに座った客がアツアツの新婚客だと目のやり場に困ってしまうこともあったのだとか。当時の「みどり」には新婚客がよく利用するロザが連結されていなかったのです。そのため、「みどり」は昭和43年10月のダイヤ改正で一方向きシートの「481系」という電車に置き換えられています。

個人的にもうひとつ困った点がありました。シートピッチが広すぎることでした。

これは、581・583系のボックスシートのもっとも優れた点であるのは確かなのですが、空いているときに前のシートに足を投げ出そうとすると、足が短い人にとっては寸足らずな状態になり、逆に苦痛になったのではないでしょうか。なんとか足を乗せようと必然的に浅めに座ると、尾てい骨のあたりがシートの縁に当たって痛くなってしまうのです。こういうときに長い助板があるとよかったのかもしれません。

シートを占領できると、よく「くの字」になって寝る人がいますが、これも581・583系のボックスシートではシートピッチの広さが仇となりました。長身の人ならなんとか身体がボックスに収まりますが、小柄な人ですとくの字の屈折具合をうまく調整しないと、身体がシートから落下しかねません。私は身長173センチで、日本人男性の身長としては標準的ですが、それでもくの字で寝るのに苦労した記憶があります。

それならば、寝台化できる581・583系なのだから、シートを寝台状態にして使えばよいのでは？　と思われるでしょう。実はこの方法、原則的に禁止となっているのです。581・583系の初期の時代はよくこの手を使って寝ている人がいたようで、停車駅が少ない列車で終着駅に近い区間では黙認されることが多かったようです。私は禁止であるのを知っていたので、あくまでくの字にこだわりましたが、581・583系では妙な手を使わずに、床に新聞紙を敷いて足を投げ出していたほうが快適だったと思います。

（注）▼3電気方式……国鉄の電化区間は、直流1500ボルト、交流2万ボルト（50ヘルツ）、交流2万ボルト（60ヘルツ）という3つの電気方式に分かれていて、それぞれの区間に対応した電車が走っていたが、特急型の「485系」や急行型の「457系」という電車も、直通効果を高めるため3つの電気方式のすべてに対応した。
▼特急「みどり」……元々は昭和37年4月から運転を開始した大阪～博多間の気動車特急だった。新大阪（大阪）～大分間の「みどり」は昭和50年3月改正でいったん廃止されたが、翌年7月に小倉・博多～佐世保間の電車特急で復活し、現在に至っている。

国鉄型ボックスシートの完成型？　人間工学を採り入れた12系ハザのシート

昭和44年（1969）、国鉄にボックスシートの完成型ともいえるハザが登場しました。翌年に控えた日本万国博覧会に備えて増備された「12系」と呼ばれる客車です。

12系のボックスシートには、昭和30年代後半から国鉄で始まった人間工学の研究成果が採り入れられました。人間工学とは、『大辞林』によると「人間の身体的特性や精神的機能を研究し、それに適合した使いやすい機械を設計したり、活動しやすい環境をつくったりするための学問」とされています。鉄道車両の場合、長時間乗車していても疲れにくくするために、身体の特性に合ったシートをつくることが、人間工学を採り入れるひとつの目標となりました。

鉄道車両のシートに人間工学を採り入れるきっかけとなったのは、昭和36年4月、小原二郎千葉大学教授（当時）が主導する「旅客車における接客設備の人間工学的研究会」が国鉄部内に設置されたことに始まりますが、その動きを加速させたのは、意外にも大事故がきっかけでした。昭和37年5月に発生した三河島《みかわしま》事故です。

常磐線三河島駅構内で列車が三重に衝突し、死者160人、負傷者296人を出す、国鉄史上未曾有の大惨事を招いた事故で、これを契機に、国鉄では全線区、全車両を対象にATS(注)の取付けを決定しました。同時に、人為的ミス（ヒューマンエラー）をいかになくしていくかというソフト面の課題に真剣に取り組む必要性が叫ばれ、昭和38年6月には、これまで国鉄の労働科学を研究していた中央鉄道学園能率管理研究所と厚生局安全衛生課の各研究室を統合した鉄道労働科学研究所（労研）を設立。心理学や精神医学とともに人間工学も労働科学の研究に採り入れ、事

鉄道のシートに初めて人間工学が採り入れられた0系新幹線車両の転換式シート（写真は鉄道博物館の展示物）

故防止を図る動きが本格化してきました。

国鉄で最初に人間工学が採り入れられたのは、昭和39年10月に開業した東海道新幹線でした。時速210キロという、当時としては世界で類を見ない超高速で走る新幹線では、些細なミスが命取りになりかねません。労研では、乗務員の労働環境を人間工学的な見地から研究することはもちろん、小原教授のテーマである接客設備、とくに乗客が座るシートに対して研究が進められました。そこで、新幹線車両の導入に際しては、X線写真で人間の骨格について検討するなどして、腰椎を支持している背ずりの位置に改良を加え、長時間座っていても疲れにくい転換式シートを開発したのです。

ハザのボックスシートに対しては、昭和40年代に

●新旧ボックスシートの比較

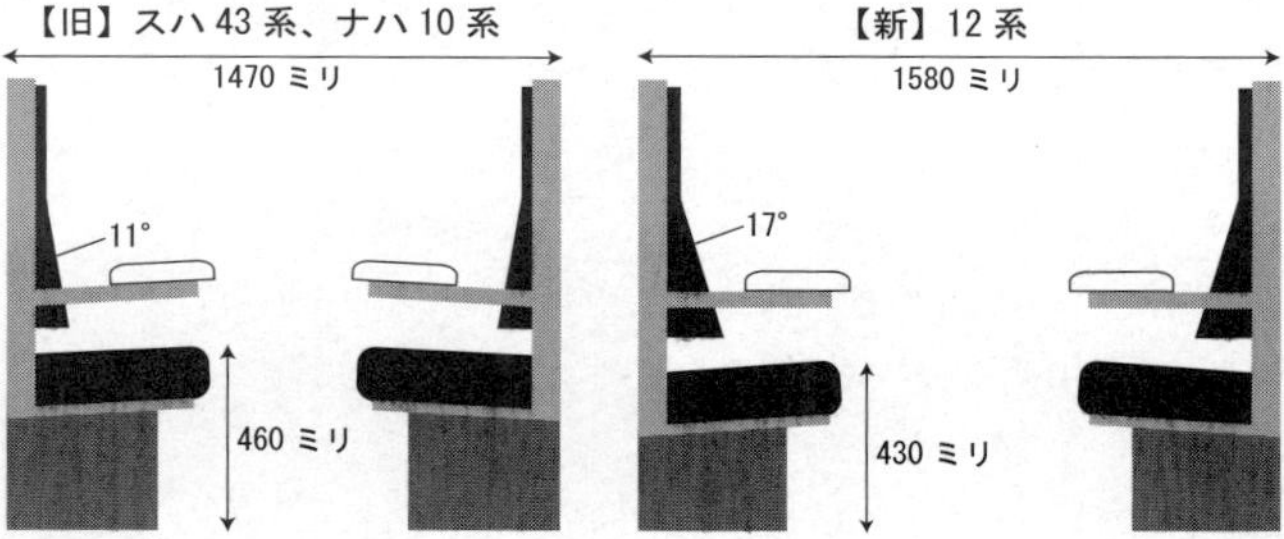

入ってから人間工学の研究が進められ、さまざまなタイプのモックアップ（模型）を製作。検討の末、座りにくいシートと座りやすいシートを試作して電車急行に設置し、10時間にもおよぶ実地試験が行なわれました。

その結果、座面の高さは４３０ミリ（従来は４６０ミリ）、腰椎を支える背ずりの傾斜は17度（従来は11度）、肘掛けの角度はほぼ水平という形が編み出されたのです。

座面の高さを従来車より30ミリも低くしたのは、重心を低くしてくつろいだ姿勢を取ることで、座面の縁が膝下にかける負担を減らすことができるからで、６度傾斜が増えた背ずりは、腰椎への圧迫を大幅に軽減できると見込まれました。

しかし、背ずりの傾斜角度を17度とするには、シートピッチは１６００ミリを確保する必要がありました。それまでの国鉄ハザのボックスシート車両は、輸送力確保の都合上、座席定員は80人または88人を基本としてきました。これは、戦前に登場したスハ

秩父鉄道に残っている12系の車内。座席定員はナハ10系以前の従来車と同じ。車体長を延ばすことでシートピッチを広げた

32系客車以来のもので、この数字を基準にシートピッチは１４００ミリ台に決め打ちされていました。人間の特性よりもまず寸法ありき、基準ありきだったわけです。この基準を優先させていたのでは、いくら人間工学を採り入れたシートを導入しても、アコモデーション全体では中途半端なものになってしまいます。

そこで、これまでの座席定員を変えずに、車体長を従来車より１３００ミリ増やして、シートピッチを広げる手法が採られました。その最初の客車が12系だったわけです。幅は、理想より20ミリ短い１５８０ミリでしたが、それでも従来車より１００ミリ以上も長くなったので、明らかに快適さを実感できました。

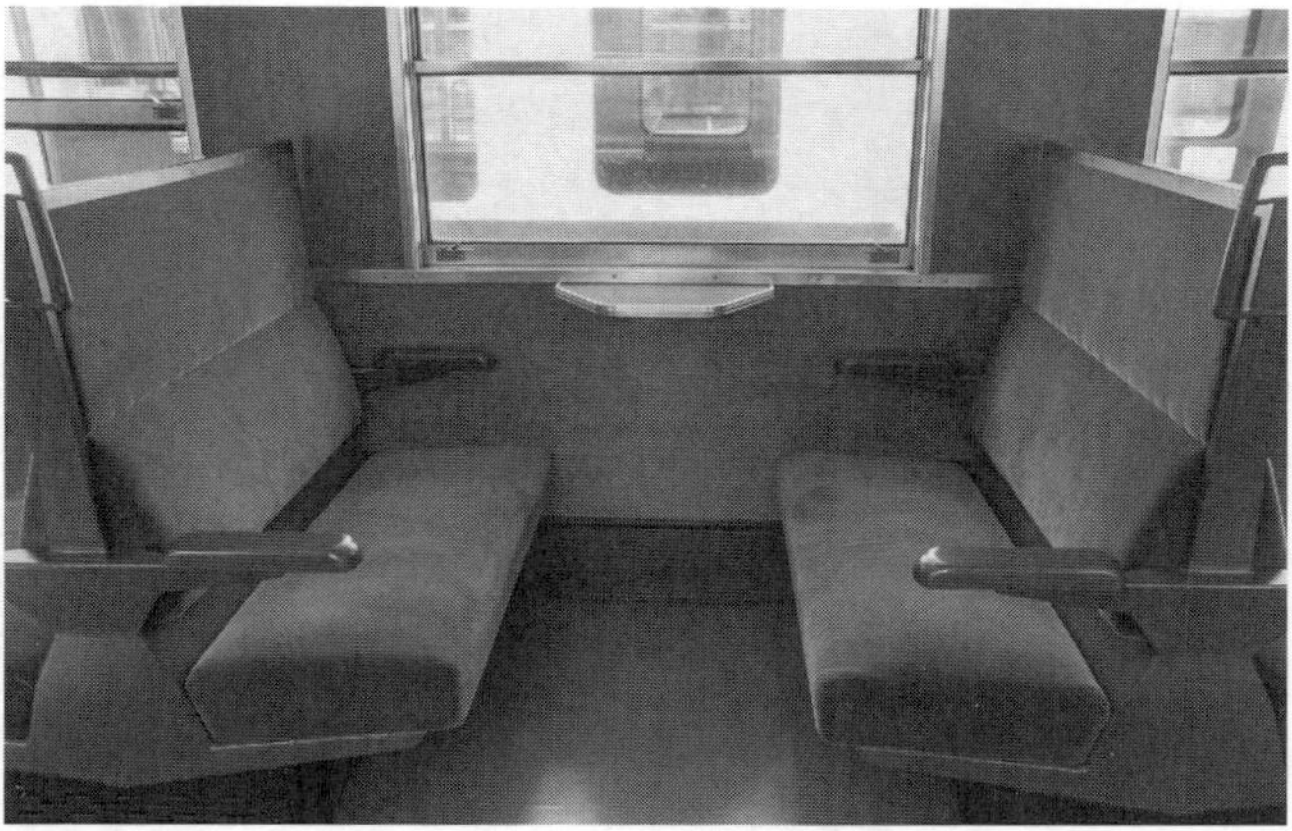

側面から見た12系のボックスシート。背ずりの傾斜が格段に増し、シートピッチも広がったことで、ゆったり感が増している

12系客車がデビューした当時は、スハ43系やナハ10系といった従来車がまだまだ夜行急行で活躍していました。従来車では、時間が経過すると背面の腰回りに不自然な圧迫を感じ、そわそわして何度も姿勢を変えたくなりました。とくにナハ10系は、背ずりの腰椎に当たる部分のモケットが経年劣化で擦り減り、詰め物も収縮して凹んだ状態になっているのが目立っていましたから、さまざまな形式の客車が連結された列車で一番乗りたくない客車でした。私の感覚では、古いスハ43系やオハ35系のほうが座り心地は勝っていました。

12系では、そうした欠点がほとんど見当たらないくらい改善されました。実際、青森から京都まで、急行「きたぐに」の12系ボックスシートに座り続けたことがありますが、新潟までの約8時間は、4人びっしりで座っていてもほとんど姿勢を変えることなく苦痛を感じなかった記憶があります。さすがに4時間を超えるとお尻は少々痛くなってきますが、その痛みは、逆のコースを「スロ62形」というグリーン車に乗ったときと比べても少なかったので、私はすっかり12系の虜になってしまいました。12系の後には、同じ基本システムを持つ特急型の「14系」という座席車も登場しましたが、一方向きの簡易リクライニングシート車で足を伸ばせないということもあり、快適さではボックスシートの12系に軍配が上がると思います。

そういう意味で、12系のシートは、国鉄ハザのボックスシートのひとつの完成型だと言ってもよいのではないでしょうか。

(注)▼ATS……「Automatic Train Stop」の略。自動列車停止装置のことを言う。信号の現示に従わず列車が冒進する危険に備えて、警告音を鳴らして乗務員に確認操作とブレーキ操作を促す。それでも操作されなかった場合は、自動的に列車を停止するシステム。研究自体は大正時代から始まっていたが、本格的に実用化されたのは昭和20年代に入ってからだった。

「走るホテル」のロネがボックスシートのハザに大変身

ここまで、国鉄ハザのボックスシートの歴史を駆け足で振り返ってきました。では、そのなかでもっとも豪華なシートはなにか？　と尋ねると、鉄道に詳しい人なら「元ロザのボックスシート」と答える人が多いと思います。

拙著『グリーン車の不思議』でも触れましたが、昭和20年代までロザのシートといえば、ゆったりしたボックスシートか転換式シートでした。これらは、昭和25年（1950）にリクライニング機能付きの回転式シートを備えた特別2等車が登場すると、国鉄では「並ロ」と呼ばれ区別されるようになりました。昭和33年10月に急行のロザが原則リクライニングシート車になると、並ロは準急で運用されるようになりましたが、それも昭和36年10月改正ではリクライニングシート車に置き換えられるようになり、並ロはハザに格下げとなるか、荷物車やロングシートのハザに改造され、首都圏や関西圏の普通列車を除いて次第に姿を消すようになりました。

ハザに格下げされた並ロのボックスシート車は、昭和40年代から50年代にかけて、ローカル線でしばしば見かけましたが、どれも普通列車での運用で、かつての華やかさは見る影もありませんでした。シートの劣化は激しく、12系など新式のハザと比べると座り心地はかなり劣っていたような記憶があります。

元ロザ以外で、私の記憶のなかでもっとも豪華だったハザのボックスシートは「ナハ21形」という車です。

この車両、そもそもは昭和33年10月にデビューした「ナロネ21形」というロネでした。「走るホテル」の異名を取った「20系」と呼ばれる客車の一族なのです。それを改造したのがナハ21形で、2段ベッドの上段ベッドとそこに付いていた明かり窓、寝台間の仕切り、洋式便所、専務車掌室、乗務員室、喫煙室を撤去。代わって、本来は付いていなかった荷物棚を取り付け、シートを2ボックス増設しました。早い話が、ロネの昼間状態をてっとり早く座席にしてしまったというわけです。

ロネ時代は2段ベッドだったため、昼間はシートピッチ1900ミリ、幅1009ミリのボックスシートに2人が座るようになっていました。ハザになってからはそこに4人が座るわけですが、座面の幅が似た構造の581・583系のハザ（178ページ写真参照）より51ミリ小さかったため、やや窮屈な印象でした。

ナハ21形の改造種車となったナロネ21形の車内。ナハ21形との大きな違いは上段寝台と、寝台間の仕切り壁を撤去し、荷物棚を設けた点だった（写真は北海道新得町に保存されているナロネ21 551）

ナハ21形が登場したのは、昭和50年代に入って20系の急行転用が進んだためです。昭和52年には、上野～青森間を常磐線経由で走る「十和田」へ投入することになりましたが、元々ハザの需要があった列車を全車寝台にするわけにいかず、やむなくロネの一部をハザに改造することにしたのです。

20系には、かつてナハフ20形、ナハフ21形、ナハ20形という回転式シートを備えたハザの形式がありましたが、昭和45年まで東北特急の「ゆうづる」に連結されていたナハフ20形を最後にすべて寝台に改造されていたので、「十和田」の20系化に際しては、座席車は改造によって賄うしか方法がありませんでした。そこに白羽の矢が立ったのが、簡単にボックスシートのハザに転用できるナロネ21形だったわけです。

私は、山陰本線の「だいせん」という急行でナハ21形に乗車したことがあります。構造は581・583系とほぼ同じですが、クッションの効き具合はワンランク上で、大きな窓にはロネ時代の優雅なカーテンも残されていました。こんな豪華な車両に乗車券と急行券だけで乗せてくれる国鉄は太っ腹と思ったものですが、その裏にはとんでもない罠が隠されていました。それは座席数が極端に少ないことでした。

ナハ21形は、ロネ時代より座席が8席増えましたが、それでも座席数は64しかありません。オハ12形が88人ですから24人も少ない計算です。

「十和田」の20系は、昭和57年11月のダイヤ改正で奥羽本線の急行「津軽」へ転用されることになりましたが、この座席数の少なさが仇となりました。

「津軽」は「十和田」以上に座席需要が高い列車で、改正前は7両のハザを連結した列車が2往復運転されていました。ところが、改正後はそれが1本になった挙句、ハザはナハ21形の3両だけに。単純計算で「津軽」のハザの輸送力は1200人から192人と、8割以上も減ってしまったのです。

いくら東北新幹線が開業して、東北への旅が便利になったといっても、山形新幹線や秋田新幹線が開業するはるか前の奥羽本線沿線は、それほど新幹線の恩恵を受けているとも言えず、この置換えはサービスアップどころか、奥羽本線の利用者に逆風になってしまいました。

案の定、繁忙期になると「津軽」のハザは積み残しが続出し、そのつど、季節列車の「おが」へ誘導されていました。私も20系「津軽」のハザの列を何度も見たことがありますが、はたして全員が乗れるのかと心配していたら、乗れずに慌てふためいている人を多数目撃したことがあります。しかも、当の「津軽」のハザは、デッキにまで人があふれています。元々、ロザとしてつくられた車両だったので通路が狭く、立ち客が出てしまうとたちまち居住性が悪くなり、トイレへ行くのも苦労するという、とんでもない状態になってしまうのです。そのため、一時はハネの一部をハザとして代用していたこともありました。

その苦渋を、私は「だいせん」で味わいました。

昭和60年3月のダイヤ改正で、山陰本線に残っていた京都〜出雲市間の夜行列車「山陰」という普通列車が廃止となり、山陰本線の夜行列車は「だいせん」1本になってしまいました。当時、私は山陰ワイド周遊券を使って、京都から下りの終列車に乗り、福知山で大阪から来た「だいせん」をキャッチしました。もちろん、ナハ21形に乗るのが目当てでしたが、やって来た列車は3両のハザだけが超満員。まるで戦後の復員列車のようでしたが、ここで諦めて深夜の福知山で野宿するわけにもいかず、やむなく混雑する車内へ無理やり入り込んだものの、狭い通路で身を縮めて直立するのがやっとで、ラッシュ時に乗る山手線よりもひどい状態だったと記憶しています。快適を期待して乗った車両で苦痛を味わったのは、「だいせん」を甘く見て、「津軽」ほどは混雑しないだろうと思い込んだ結果でした。結局、このときは未明の倉吉でようやく座れるようになり、地獄から天国へ引き戻された思いをしたものです。

そんなナハ21形も、「だいせん」が14系寝台車と12系座席車の混成編成に置き換えられた昭和61年11月改正で姿を消し、ＪＲへ承継されることなく廃車となってしまいました。国鉄末期を飾った国鉄一豪華なハザのボックスシートの末路でした。

Column

ボックスシートの快適な過ごし方

ここまで国鉄時代のさまざまなボックスシートを紹介してきました。ＪＲでは、近郊型車両でも一方向きの転換式シートが増えてきましたが、私は足を伸ばせるという点で国鉄時代のボックスシートが大好きです。幸い、北海道にはキハ40系や７１１系、「くしろ湿原ノロッコ号」のオハ５１０形（元オハフ51形）に国鉄型ボックスシートが残っています。

夜行急行が全国的に運転されていた時代、ボックスシートで一夜を快適に過ごす方法を試行錯誤したことがありました。一番楽だったのは１ボックスを占領できたときで、窓側に頭を置き、身体をくの字にして反対側のシートの通路側に足を乗せて寝るのがベストでした。頭には枕代わりに全国版の時刻表を使うこともありましたが、慣れてくると空気枕を使ったほうがはるかに楽でした。

くの字スタイルは微妙にシートピッチの問題が絡んできます。広すぎると足を乗せにくくなりますし、狭いとくの字が急になり、起きたときに身体の節々が痛くなるという欠点がありました。車両でいうと、シートピッチが１４７０ミリのスハ43系はやや窮屈、１９７０ミリの５８１・５８３系は広すぎて体位が不自然になります。ベストなのは１５８０ミリの12系で、身長１７３センチの私にはジャストフィットでした。

ただし、くの字で寝ることはボックスを占領することになるので、途中駅から乗車が見込まれる列車で、始発駅からこのスタイルを取ることはご法度です。「津軽」や「八甲田」など、上野発の東北本線の急行の場合、大宮や宇都宮から乗車する人がかなりいたので、少なくとも宇都宮までは正規の座り方を

2人スタイルの場合、大人が座席に身体を横たえると、どうしても足を曲げたり投げ出したりするスタイルになってしまう。急行「きたぐに」の583系ボックスシート

していました。その点、「十和田」など常磐線の急行の場合は、時間帯にもよりますが、土浦を出ればあまり乗ってこないことがわかっていたので、早くから〝寝支度〟を整えることができました。

では、1ボックスに2人が座っていたときはどうでしょうか。

一番多いパターンは、線路と直角になったシートの座面に身体を横たえることですが、なにせシート幅は12系でさえ1095ミリしかありません。幼児ならまだしも、普通の大人ではどうしても身体が通路にはみ出してしまいます。仕方なく、通路側に頭を置いて足を窓側で折り曲げて寝る人を多く見かけましたが、これだと急停車などのショックで頭を床に打ちつけてしまうのではないかと心配になります。なかには、空き缶をふたつ用意して、座ぶとん下に挟みこみ傾斜をつけて寝て

戦時中は貨物輸送の増加により、旅客列車が削減されたため、２人掛け座席での３人掛けを余儀なくされた（日本国有鉄道刊『日本国有鉄道百年写真史』より転載）

いる人もいました。意外と知られていないことですが、ボックスシートの座面は外れるようにできていたのです！　その構造に気づいた人が編み出した方法だったのですが、これもショックには弱いので、いきなり大音響をたてて空き缶が外れ、思わぬケガをする危険性がありました。実際にはそのようなシーンを見たことはありませんでしたが、時と場合によっては車掌から注意を受けた人がいたのかもしれません。

２人パターンで一番無難なスタイルは、正規の座り方をしつつ、足を反対側のシートへ投げ出すことで、お尻は痛くなりますが、腰に空気枕を当てればシートに横たわる方法よりはかえって楽でした。

ボックスシートがびっしり４人掛けになった場合はどうでしょうか。これはもう、ひたすら正規の座り方をするしかありません。旅慣れた人は、周囲にひと声かけて新聞紙を敷いて靴を脱いでいましたし、大昔は前述のように手製の助板を使うこともありました。私は、軽便枕のように、空気枕を窓側に向けて頭を乗せて寝ていました。ただ、どれも「帯に短し襷《たすき》に長し」で、正規の座り方ではこれといって有効な手段を見い出せなかったような気がします。こういう場合は、いさぎよく新聞紙を敷いて床に寝転がる人もいました。もっともボックスシートが一杯になるほどの混雑ですと、周囲に迷惑をかけることになるので、おすすめはできません。

私がよく夜行急行を利用していた昭和50年代は、盆暮れでもない限り、ボックスシートが一杯になることはめったにありませんでした。比較するのはおかしいですが、戦時中は2人掛けのシートに3人掛けを推奨（というか半ば強要）されていたこともありましたから、もしそれを知っていたら、ボックスシートを占領できなくても文句は言えないでしょう。

第五章

座席周りの設備今昔

座席周りの設備では過去のものになりつつある灰皿

鉄道の座席サービスでは、座席周りの設備も見逃せません。なにげないものでも、時代によってその形はさまざま。なかには、廃れつつあるものもありますが、それが貴重な〝鉄道遺産〟になっているケースもあります。本章では、「ああ、こんなものもあったね！」と思わず膝を打つものを含めた座席周り設備を振り返ってみたいと思います。

まず、その筆頭として取り上げられるものといえば、灰皿、テーブル、荷物棚だと思います。私はこれらを勝手に座席周りの〝三種の神器〟と呼んでいますが、このうち、灰皿は最近の分煙化や特急車内全面禁煙化の影響で、新型車両から急速に姿を消しつつあります。

国鉄の旅客用車両に灰皿が設置されるようになった時期ははっきりしません。ただ、鉄道創業時に出された「鐵道列車出發時刻及賃金表」によると「吸煙車の外は煙草を許るさず」と書かれており、現在のような分煙が行なわれていたようです。当時の客車は木造ですから、吸い殻を放置すると思わぬ火災にもなりかねません。どういう形の灰皿であったのかはわかりませんが、最初から灰皿が設置されていたのは間違いなさそうです。

国鉄時代、ボックスシート車では、窓側下の中央部に灰皿が取り付けられていることがほとんどでした。そのため機能していたのは窓側の乗客に対してだけで、通路側の乗客は吸い殻を床に落として足でもみ消すこともしばしば。携帯用灰皿を使うのがマナーと言われる現在では信じられない光景です。

筆者が古物商で購入した国鉄時代の典型的な灰皿。「JNR」の刻印が懐かしい

私がよく目にした灰皿は、上の写真のようなものでした。上部が蓋、下部が吸い殻入れになっていて、車内清掃のときは、吸い殻入れを下へ180度回転させて吸い殻を排出できるという機能的な作りになっていました。

ただ、この灰皿は蓋をひっくり返すときの「カタンカタン」という音がうるさかったので、特急型車両では、186ページの写真のように、蓋が上下にスライドするタイプのものになっていました。

灰皿の変わり種は、ロザや特急ハザのリクライニングシートや581・583系（160～164ページ参照）などに採用されていた通路側の肘掛けに内蔵するタイプです。ロザのリクライニングシート車では、「特別2等車」と呼ばれていた初期の車両に似たような灰皿がありましたが、取外しができたので釣りの餌入れ（?）に持ち帰ってしまう人が増え、後に、肘掛けに埋め込むタイプに変更されています。以来、国鉄時代のロザでは、古い並ロや普通列車用を除いて埋込みタイプになりました。

車内の喫煙は、昭和50年代に副流煙による被害が指摘されるようになってから、次第に問題視され始め、新幹線では昭和51年8月に「こだま」の16号車を禁煙車に指定。在来線ではその前年の9月に京都～西明石間の新快速と快速で全面禁煙が実施されています。現在は、寝台車を除いて特急では全面禁煙が一般的という時代になりました。その分、東海道・山陽新幹線のN700系のように、喫煙室が設けられている車両もありますが、座席にあった灰皿はもはや過去のものになってしまいました。

ちなみに、先に紹介した修学旅行用電車は、未成年者が乗る車両であるにも関わらず灰皿が設置されていました。もちろんこれは、未成年者へ喫煙を推奨していたわけではなく、一般の列車にも運用することを考慮したためだったわけですが……。

特急型では早くから普及していたテーブル

テーブルは座席周りの設備のなかで、一番なくてはならないものでしょう。一般型のハザでは、戦前製のオハ35系までありませんでしたが、146～150ページで紹介したスハ43系からは、窓側の中央に取り付けられるようになりました。テーブルが設置されるまでは、窓の桟に物を置くことが多かったようです。オハ35系でも、大井川鐵道に現存する客車のように後から取り付けられたものもあります。

ハザのテーブルでユニークなものは修学旅行用電車の155系です。ボックスシートの座面間に長いテーブルを渡したものですが、国鉄末期の四国で登場した「キロハ186形」のハザでは、これに近い大型テーブルが復活しています。もっとも座席は0系新幹線と同じような転換式だったので、155系と印象はかなり違っています。キロハ186形は、現在、キハ186形としてJR九州で使われていますが、座席は一般的なリクライニングシートに交換されています。

一方、特急型のハザではかなり早くからテーブルが取り付けられています。大正14年（1925）、東京～下関間の3等特急（後の「櫻」）用に製造された「スハ28400形」という客車からで、一方向きの固定シートの背面に、各席ごとの折畳みテーブルが取り付けられていました。

座席背面にテーブルが付けられた典型的な特急の座席。蓋がスライドする灰皿が下に付いている（鉄道博物館のクハ481形）

この形は、戦後に登場した「スハ44系」といった特急型客車にも受け継がれ、昭和50年代にかけて国鉄特急ハザではもっともポピュラーになりました。一時期は、テーブルの収納部にホテルなどの広告が入っていたこともありました。

ロザでは、テーブルは当然の設備で、昭和30年代に生まれたリクライニングシートのロザでは、肘掛けに差し込む取外し式のテーブルが採用されています。これは取付けや片付けが面倒でしたし、盗難の危険もあったので、昭和36年頃から製造されたロザからは取外しができない、折り畳んで肘掛けに収納するタイプに変更されています。既存の車両も、工場へ入場するたびに差込み式から収納式に変えられていきました。

現在、ＪＲの特急でよく見かける背面の収納式大型テーブルは、昭和55年（1980）に登場した0系新幹線のアコモ改良車から登場しました。この頃になるとハザでもリクライニングシートが一般装備となったため、テーブルの脚を座席下脇にある「そで体」と呼ばれる部分に固定して、シートを倒してもテーブルに影響を与えない構造が採用されています。

JR移行後は、ロザを中心に肘掛け収納式の折畳みテーブルが普及しました。これは国鉄時代

肘掛けに折畳み式のテーブルが収納されている典型的な急行型のロザ。窓側には埋め込まれた灰皿が見える（三笠鉄道村キロ26形）

座席のテーブルといえば、ボックスシートの窓側にあるこのテーブル。旅情を誘うアイテムだ（JR北海道キハ56形）

現在、JRの特急型車両で、よく見られる背面折畳み式テーブル（JR北海道モハ785形500番代）

のロザのものと違い、駅弁1個とペットボトル飲料を置けるくらいの大きさになっています。とくにロザでは座面幅が広いのと、座席間にも肘掛けがあるので、両側からテーブルを引き出せるものもかなりあります。これなら膝を覆うほどのスペースを確保できるので、ノートパソコンを置くこともできます。モバイル時代には大変便利な最新鋭のテーブルと言えるでしょう。

（注）▼0系新幹線のアコモ改良車……新幹線の営業用車両のハザとして初めてリクライニングシートが採用されたが、これは背ずりが傾斜するものではなく、座面をスライドさせることでリクライニング効果を出したもので、お世辞にも座り心地がよいシートとは言えなかった。

少数だがハットラック式もある荷物棚

荷物棚（鉄道部内では「携帯品棚」と言うそうです）は、昨今、綿素材の紐を使った網の棚が珍しくなり、ほとんどがプラスチック製またはステンレス製の板状のものかパイプ式、金網のようなものになっていますが、私のような古い人間は網ではない棚を見ても、つい「網棚」と言ってしまいます。

荷物棚がいつ頃から取り付けられたのかははっきりしませんが、鉄道博物館に展示されている創業時の復元車を見ると、少なくともハザ（下等）にはなかったようです。当時は乗車距離が短かったですし、運賃が高すぎて鉄道に乗る人が少なかったですし、棚を設けるほど荷物は多くなかったのでしょう。

明治31年（1898）、現在の山陽本線のルーツとなった山陽鉄道に登場した「901号」というハザ（3等車）の写真を見ると、粗末なボックスシートの上に網棚が取り付けられているのを確認できるので、それより少し前から取り付けられていたのではないかと推測できます。

戦後になると、荷物棚もさまざまな形のものが現れます。昭和25年（1950）に登場した初

特別2等車（ロザ）で鋼板の荷物棚に荷物を載せる女性乗務員（日本国有鉄道刊『日本国有鉄道百年 写真史』より転載）

の特別2等車「スロ60形」は、鋼板を使った荷物棚が採用されました。ロザでは長距離客が多く、荷物も多量かつ大型化していたので、網棚では重すぎて破れる危険性があったのでしょう。しかし、これは網棚と違って下から荷物が見えないため置き忘れが多発したそうで、昭和27年に登場した「スロ54形」からは、ステンレス鋼管を使ったパイプ式の荷物棚になりました。

パイプ式の荷物棚は、昭和30年代に入ってから急速に普及し、昭和33年に登場した151系特急型電車（当時は20系電車と呼称）や20系客車にも採用。以後、急行型も含めてこの方式の荷物棚が一般化しました。

ユニークなものとしては、昭和35年に登場したクロ151形の4人用区分室で初めて採用さ

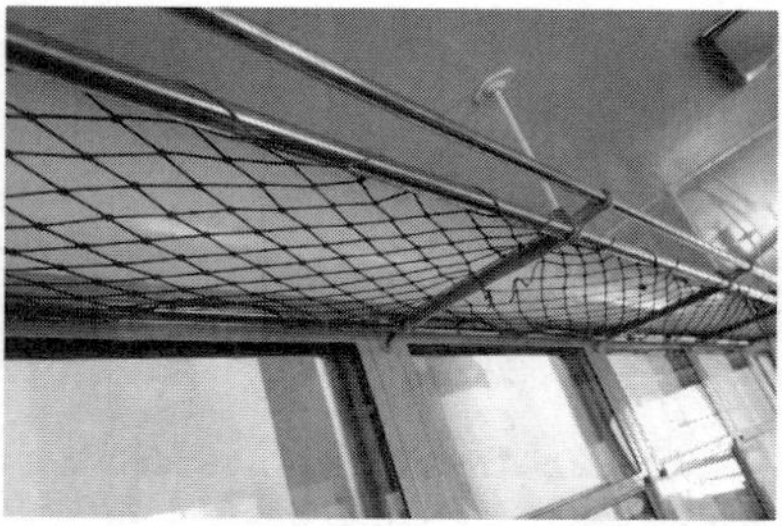

（右）長い間、荷物棚の定番だった網棚。劣化すると一部が破れるという欠点もあった
（左）昭和30年代以降の特急型車両によく使われていたパイプ式の荷物棚

れた蓋付きの荷物棚で、蓋の下側を持ち上げて荷物を収納しました。国鉄時代はクロ１５１形だけに存在していましたが、ＪＲ東日本では常磐線用の特急型電車６５１系や「成田エクスプレス」用２５３系のロザなどで採用されています。ＪＲで採用されたものは「ハットラック」と呼ばれるもので、航空機でいう蓋付き荷物棚を意味しています。

ただ、重く大きな荷物は、デッキ寄りの大型荷物置き場を使えばよいですし、いちいち蓋を開けて荷物を出し入れする手間が嫌われたのか、ハットラックを備えるＪＲの現役車両は、ＪＲ東日本のＥ６５５系「なごみ」、ＪＲ九州８８３系「ソニック」など、ごくわずかです。ハットラックは、見た目がすっきりとしていて洗練された印象を与えてはいたのですが、６５１系では、後にハットラックの蓋が外され、通常の荷物棚のようになってしまいました。

２５３系の一部の車両は、長野電鉄へ譲渡されましたが、

荷物棚が線路と直角に配置された215系ハザのボックスシート。平屋の席は通常と同じタイプの荷物棚となっている

荷物棚がハットラック式となった、旧JR東日本253系を使った長野電鉄2100系「スノーモンキー」

「成田エクスプレス」時代のハットラックは健在で、貴重な存在といえそうです。

荷物棚の設置方向は、長年、線路と平行が基本でした。昭和34年に登場した修学旅行用電車155系では、線路と直角にして各席の上に荷物棚が置かれるようになりましたが、これは例外中の例外で、国鉄時代は、以後、まったく採用されていません。JR移行後は、平成4年（1992）に登場した2階建て車両のJR東日本215系のハザで採用されています。

線路と直角に配置された荷物棚は、持ち主を主張できる点で安心感があるのですが、車内を見通すと圧迫感は免れません。ただでさえ天井が低い2階の車内では、さらに息苦しく感じる人も多かったのではないでしょうか。事実、サロE231形など、同じ2階建て車両では、2階建て部分の荷物棚が省略されています。車端の平屋部分には荷物棚があるので、荷物がある人は平屋へ、ない人は2階建て部分へという棲み分けができあがりました。もっとも、2階建てのロザはスペースに余裕があるので、少しくらいの荷物なら足下に置いても苦にはなりませんが。

座席を灯す小さな光——ロウソクと読書灯

座席のなかには、読書灯のような補助灯を備えるものもあります。夜でも明るい蛍光灯や街灯が煌々《こうこう》と光る現代では、はたして必要なものなのか？　と思われがちですが、新幹線のロザで備えたものがありますし、国鉄時代のロザでは数は少なかったですが、スロ54形や青函航路の指定席ロザにもありました。

もっとも、読書灯は夜間の減光した車内や落ち着いた雰囲気を演出しようと中間照明を備えた車内で補助的に使うものでした。列車内が暗いから使うというものではないようです。

反対に、明治時代にはやむにやまれず補助的に使われた灯具が存在したようです。それがなんと原始的なことか、ロウソクだったのです。

鉄道の旅客車に電灯が使われるようになったのは、明治も30年代を過ぎてのことでした。それまでは「油灯《ゆとう》」という油を使った照明が使われていて、夕方になると駅で「車夫《しゃふ》」と呼ばれる係員が屋根に上って、油が入った、いわゆる〝ランプ〟を差し込んでいました。その様子は、鉄道博物館の創業時の客車で再現されています。

その油灯は、どうしようもなく暗かったようです。

昭和32年（1957）の『日立評論』別冊20号によると、白熱灯を使った客車の基準照度は最低で50ルクス程度。街灯と同じレベルの明るさで、視力がよい人なら新聞や文庫本程度ならなんとか読める明るさなのですが、地方の路線で夜に白熱灯の車両に乗ると、まるで地の底へでも行くような心細さを感じたものです。国鉄で初めて蛍光灯が採用されたのは、昭和23年（1948）に登場したマイネ40形というイネ（1等寝台車）で、ロザでは昭和27年に登場したスロ54形から採用されています。その照度は111ルクス。白熱灯だった並ロと比べて2・5倍もの明るさになりました。ハザでは昭和27年に登場したスハ43系の増備車から採

鉄道博物館で再現されているランプを差し込む車夫

東北新幹線「はやぶさ」のE5系「グランクラス」に設置されているフレキシブルな読書灯。光源はLEDで、シックな中間照明を多用する車内で見られる座席の設備だ

用され、「鉄道の3等は暗い」というイメージを払拭しました。

それに比べて、油灯の明るさは、昭和の白熱灯とは比べものにならないほど低かったようです。白熱灯を使った客車ですら20ルクスを下回る場合がありましたから、下手をするとライターの明るさ並みになっていたかもしれません。これでは新聞の文字はもちろん、向かいに座っている乗客の顔すらまともに見ることができなかったのではないでしょうか。そもそもガス灯ですら都市にしか発達していなかったですし、電灯は明治20年代に一部の地域でようやく使われ始めた程度でしたから、電気による車内照明は夢のまた夢。夜になれば、列車の外も現代では想像できないほどの闇の世界に包まれていたわけです。そこに、わずかな油の光だけが灯る客車に乗っていたら、心細くなって手元に光が欲しくなるのは人情でしょう。そこで頼りになったのがロウソクというわけで、窓側の桟にそっとおいて、ほのかな光で闇に包まれた外の様子をうかがっていた姿が想像できます。

江戸時代、ロウソクは和ロウソクが流通していましたが、製造に手間がかかっていたため非常に高価で、使われていたのは身分の高い武士階級の屋敷と遊郭くらいだったそうです。庶民はもっぱら魚の油を光源として使っていました。これは臭いが強烈で長時間使うことができなかったため、江戸時代はもっぱら夜更かしをせず、日が暮れたら寝るという生活だったそうです。

明治時代になると、パラフィン素材による洋ロウソクが輸入されるようになり、ロウソクの照度は飛躍的に高まりました。構造が単純なため価格も下がり、ロウソクは電灯が普及するまで、庶民に一番近い光源になっていたようです。

ロウソクの明るさはおよそ10ルクス程度で、これを補助的な光源に使っていたとしても、座席を灯す明るさはまだ白熱灯以下。車内照明に電灯が望まれるのは自明でした。交通新聞社新書『ニッポン鉄道遺産』（斉木実・米屋浩二著）によると、国鉄では明治31年（１８９８）に急行のイザ（1等）とロザ（2等）で車軸発電による車内照明が使われ始めたそうです。車軸発電は自転車のライトを点けるためのダイナモのようなもので、車軸の回転によって起こした電気を蓄電池に蓄え、車内の電力を供給します。大正4年（1915）度までにはこの方式に統一されているため、この頃から車内でロウソクを使う習慣もなくなっていたのではないでしょうか。

車内の人間関係を微妙に揺るがす日除け

鉄道旅行が好きな人なら、まず窓側の席を選ぶでしょう。もちろん私もそのひとりです。指定券を買う際はA席かD席（新幹線の3列シートならE席）を必ずオーダーします。ところが、いざ窓際に座ってみると、日差しが強くて、ついカーテンを閉めてしまうことがあります。そういうときは、ほとんど車窓風景を楽しめずガッカリ。そうならないよう、用意周到に日差しの方向と乗車する路線の線形を確認をすることがありますが、肝心の絶景ポイントが見える側に日が差しているとその手も有効ではなく痛し痒し。快適さを取るか、車窓の楽しみを取るか……日除けは、鉄道旅行派にとってある意味、悩ましい存在ではないでしょうか。

その昔、日除けは、蒸気機関車からの煤煙除けや虫除けとしても機能していたようです。客車に日除けが付けられるようになったのは明治30年代後半になってからのことで、明治32年（18

鉄道博物館に展示されているオハ31形では、鎧戸の日除けを見ることができる

99）の夏から山陽鉄道（現在の山陽本線）の1等車（イザ）と2等車（ロザ）で日除け代わりに蚊帳《かや》が貸し出されたことがあったそうですが、日除けの登場で短命に終わっています。

さて、昨今の日除けは、横引きカーテンか巻上げカーテンが主流ですが、昭和ひと桁までに登場した客車の日除けは木製の鎧戸が主流でした。現在のような巻上げカーテンが初めて採用された車両は、昭和4年（1929）に登場したスハ32系でした。この客車には、北海道向けに窓を二重化した車両が現れ、内側に鎧戸を設置するスペースがなくなったのです。

一方、本州向けのスハ32系は、依然として鎧戸が使われ続けましたが、昭和14年に登場したオハ35系からは全車両に巻上げカーテンが取り付けられました。この頃になると、カーテンの布に使う「レザークロス」と呼ばれるものがある程度実用化されていましたし、オハ35系の窓はスハ32系より300ミリも広くなったため、より大きく重い鎧戸を付けるのは、車体重量を抑えるうえでも得策ではありませんでした。

巻き上げカーテンの採用にはもうひとつ理由があります。

戦時中は、重要な軍事施設を機密化していたため、付近を通過する際は一斉に日除けを下ろす指示が出されていました。鎧戸の場合、わずかな隙間から外を窺うことができましたが、レザークロスの巻上げカーテンは透過性がない分、完全に外の様子を隠すことができたので、軍にとっては好都合なアイテムだったのです。戦後になると、「オハ61系」と呼ばれる客車や80系電車などで鎧戸が復活していますが、圧倒的に普及したのは、巻上げカーテンと横引きカーテンでした。

特急型車両の日除けといえば、新幹線車両を除いて横引きカーテンのイメージが強いですが、これが本格的に採用されたのは昭和33年に登場した「こだま形」151系電車（当時は「20系」と呼称）からでした。「こだま形」は大変好評で、全国から「こだま形」並の特急を運転する要望が出されました。そのほとんどは電化されていない地方からのものであったため、国鉄は昭和34年に入り、急遽、特急型気動車の製造を決定。この年の末に設計に着手し、突貫工事で翌年の9

日除けが巻上げカーテンとなった「はつかり形」（20年ほど前の大阪・交通科学博物館にて）

月には完成させました。それが「はつかり形」（注）と呼ばれるキハ80系でした。

気動車は、客車や電車と違って自車にエンジンや発電機を持っているため、どうしても製造費やランニングコストが嵩みます。それに当時の国鉄には「気動車はもともと地方のローカル線向けの車両ゆえ、廉価でなければならない」という観念が支配的であったため、「はつかり形」は「こだま形」並には造られても、細かい部分でコストダウンが図られました。そのしわ寄せを受けたもののひとつが日除けだったのです。

キハ80系では横引きカーテンよりもランニングコストがかからず、維持が簡便な巻上げカーテンが採用されました。特急型のハザでは、窓1枚に対して2区画分の座席が割り当てられていますが、巻上げカーテンも同じ割当てになったので、前席と後席で日除けをめぐる支配権の〝奪い合い〟がよく起こりました。

30年以上前、晴天の日にキハ80系を使った気動車特急に函館から札幌まで乗ったときのことで

巻上げカーテンが2区画にひとつしかなかったキハ80系の車内。特急型気動車の巻上げカーテンは、昭和43年に登場したキハ181系にも受け継がれた（北海道・三笠鉄道村のキハ82形）

す。午前中に発車した列車だったので、内浦湾《うちうらわん》を望む窓側の席には日差しがガンガン降り注いでいました。それでも、私にとっては貴重な特急の旅でしたから、我慢をして大きな窓から海辺のパノラマを楽しんでいたのですが、そこに突然、前席の客がカーテンを降ろしたのです。カーテンは2区画で1枚ですから、当然、私が座っていた席も車窓風景が遮断されます。

小心者の私は、ここでカーテンを上げれば前席の客に怒鳴られるのではないかとビクビクしながら、しばらく思案。自己中心的と言われるかもしれませんが、せっかく確保した海側の席の風景を奪われる筋合いはないと思い、前席の客が少し寝入った隙に、何気なくカーテンを上げました。すると、スルスルスルという巻き上げる音を察知したのか、その客は間髪を入れずにまたカーテンを降ろしました。私は、しばらく考え込んでしまいました。海辺の車窓は、一部の区間を除いて苫小牧《とまこまい》付近まで続きます。このままカーテンを降ろされてはたまったものではないので、日差しの方向が変わる長万部《おしゃまんべ》を過ぎてから、意を決して再びカーテンを上げました。その後のやりとりは覚えていませんが、ケンカにならなかったことだけは確かです。

こうした車内の人間関係を微妙に揺るがす暗黙のやりとりがトラウマとなって、私はキハ80系の巻上げカーテンが好きになれませんでした。ボックスシートの場合もこのような支配権の奪い合いはあるのですが、相手の顔がわかる分、互いに空気を察することができるのでまだマシでした。キハ80系の場合は一方向きのシートであるため、相手の表情がわかりません。「ひと声かければ済む」と言われればそれまでですが、前の席を覗き込む形になるのも憚《はばか》られますし。鳴り物入りで登場した国鉄初の気動車特急には、このような小さな悩みもあったのです。

（注）▼「はつかり形」……昭和35年12月、上野～青森間の特急「はつかり」に投入されたキハ80系は、先頭車のキハ81形が「こだま形」をイメージしたボンネットスタイルだったが、翌年10月にデビューした増備車は、32ページの写真のように、それとは似ても似つかない貫通スタイルとなったため、キハ81形は「はつかり形」と呼ばれ区別された。

座席背面の小さな設備――網袋とチケットホルダー

一方向きの座席で、背面部分は座席周りの小さなサービスを設置できる貴重なスペースです。最近の特急型車両では、収納式のテーブルがスペースの大部分を占めるようになりましたが、国鉄時代のロザや一部の一方向きハザでは、小物を入れる網袋が取り付けられていました。

背面の網袋は、昭和36年（１９６１）に登場したリクライニングシートのロザで最初に取り付けられています。それまでのロザに備えられていた小物入れといえば、布袋であったり、ビニール製の袋であったりしたわけですが、布袋は中身が見えないので置き忘れが多かったですし、ビニール製は中身は見えるものの、破損が多かったので後に網袋に交換されています。

もともと背面の袋は、差込み式だったロザのテーブルを収納するために設けられたものだったので、それが収納式に変わったのを機に、順次、網袋へ交換されたようです。

国鉄末期からＪＲ移行後の車両では、網袋ではなくマガジンラック状になっているものもあります。収納式の背面テーブルが普及し、大きな網袋を取り付けるスペースが足りなくなったことが影響し、サイズは小さくなっています。

「成田エクスプレス」で使われているＪＲ東日本のＥ２５９系など新鋭の車両でも、網袋が使われています。昔の網袋は、あまり深く入れすぎると、ものによっては絡まってしまい取り出しにくくなることがありましたが、E259系の場合は、太くて目の大きい網が使われているので、そのようなことはないようです。網袋はかつてロザ特有の設備でしたが、最近の特急型車両ではハザにも取り付けられています。

国鉄時代のロザで使われていた網袋（三笠鉄道村のキロ26形）

網袋は座席周りの設備としては目立たない存在ですが、実はさらに目立たない設備があります。それはJR北海道のハザ指定席「uシート」で使われているチケットホルダーで、座席背面上部に取り付けられています。

最近では、車内改札の煩わしさを軽減するために、JR東日本の新幹線では自動改札機と連動させた車内改札の自動化システムを採用していますが、自動化されていないJR北海道では、あらかじめチケットを決められた場所に入れておくことで、車掌が取り出してチェックできるようにしま

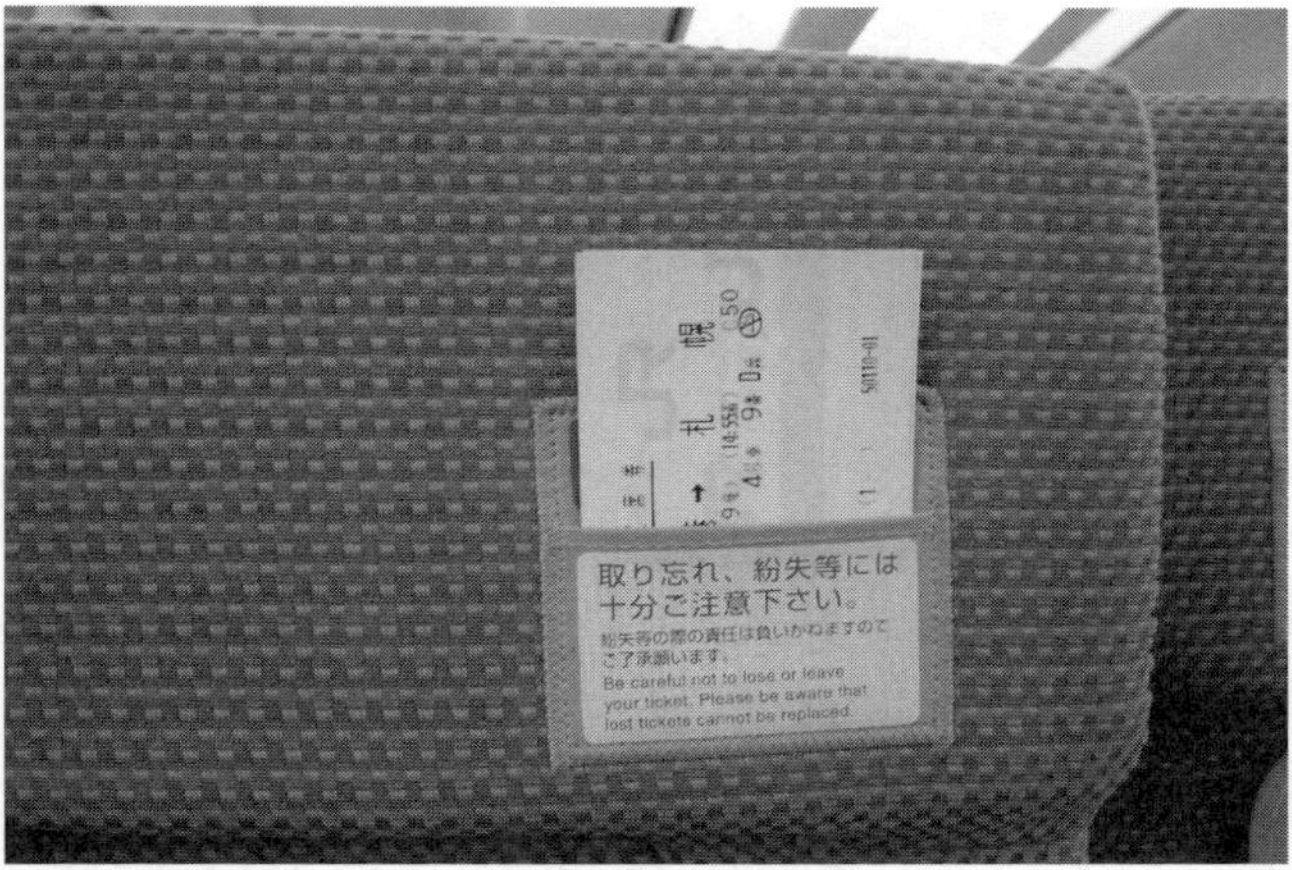

自己責任を促す断り書きがあるJR北海道785系「ｕシート」のチケットホルダー

した。それがチケットホルダーというわけです。

　チケットホルダーは、平成12年（２０００）11月に登場した７２１系電車の普通車指定席「ｕシート」から採用されています。私はこれを初めて見たとき、盗難や置忘れの危険があるのではないかと不安でした。小心者の私は、チケットホルダーを使わずにわざわざ懐からきっぷを出して見せていましたし、チケットホルダーを使っても、決して居眠りをしませんでした。

　そのことを示すかのように、チケットホルダーには「取り忘れ、紛失等には十分ご注意下さい。」と書かれていて、その下には「紛失等の際の責任は負いかねますのでご了承願います。」という怖い文言が英文併記で書かれています。座席周りにはいろいろな設備がありますが、自己責任であることを示したものは、このチケットホルダーが初めてではないでしょうか。

そんなわけで、チケットホルダーについて触れているさまざまなブログを見ると、「ひとりのときは使わない」派が圧倒的に多い印象でした。チケットホルダーは、安眠と紛失リスクがトレードオフの関係であることを改めて教えてくれる設備かもしれないですね。

座ったままで通話――クロ151形の車内電話

携帯電話が一般に普及し始めた頃、ようやく列車内で座ったまま通話できると思った人は多かったのではないでしょうか。それまでは、カード式の公衆電話があるデッキまで行くのにいちいち席を立たなければいけなかったわけですから。

ところが、昨今、列車内では携帯電話による通話がマナー違反とされ、カード式公衆電話も大半が撤去されているというのに「通話はデッキでお願いします」という案内が行なわれています。最初は本末転倒な気がしましたが、皆が便利さを手にした世の中になると、逆に不便になるというパラドックスが起こるものなのでしょう。

実は、今から半世紀以上も前、ごく限られた層だけでしたが、座ったまま通話ができた時代が

座りながら通話ができたクロ151形の開放室（日本国有鉄道刊『国鉄電車60年のあゆみ 1964』から転載）

ありました。拙著『グリーン車の不思議』でも紹介した「クロ151形」が一世を風靡していた時代です。

クロ151形は、昭和35年（1960）6月、東海道本線の特急がすべて電車化された際に登場し、特急「こだま」「つばめ」の大阪寄りに連結されました。車内は大阪方の3分の1が定員4人の区分室（個室のようなもの）、東京方の3分の2が1人掛けのリクライニングが2列並ぶ、定員14人の開放室という構造でした。そのどちらからでも車内(注)から通話ができるようになっていました。

区分室にはシート背後の壁に、開放室はシートの窓側に電話接続用のジャックが設けられていて、列車給仕にオーダーすると、ダイヤル式の固定電話機がシートまで運ばれ、通話できるようになっていました。

当時は、現在の携帯電話でいう基地局が、東京、戸塚、真鶴《まなづる》、函南《かんなみ》、静岡、金谷《かなや》、浜松、豊橋、岡崎、名古屋、米原、大津、東山、大阪の14カ所に設置されました。国鉄では昭和34年9月に400メガヘルツ帯という長い通信距離を取れる周波数帯を使った電波の伝搬実験を行なったところ、指標とするSN比35デシベル(注)という通話品質を保つためには、この14カ所が適切という結論を出しました。基地局は既存の国鉄施設の屋上など、できるだけ高い位置に設置されましたが、丹那《たんな》トンネルや東山トンネルといった長大トンネルの前後では電波強度が落ちる懸念があったため、トンネル近くに基地局を設置しました。設置箇所のなかに函南と東山が含まれているのはそのためです。

現在とは通信技術や使用している周波数帯も大幅に異なるので単純には比較できませんが、現在の携帯3社（NTTドコモ、au、ソフトバンク）の東海道本線沿線都府県の基地局総数は5万を超えていますから、比べものにならないほど貧弱なインフラです。当然、通話先は限られていて、東京都区内、名古屋市内、大阪市内のみでした。

昭和34年、全国の固定電話加入数は約300万件で、平成23年（2011）のNTT加入電話数の約10分の1に過ぎませんでしたし、市外通話は即時ダイヤル式ではなく、限られた大都市以外は交換手方式が主流でしたから、通話先が限定されているといっても、大都市以外から無線通信で直接通話できることは、当時としては画期的だったのです。

その分、通話料金はかなり高額でした。

たとえば、東京〜熱海間の車内から大阪市内へ通話する場合、3分間400円でした。昭和36年の国鉄の初乗り運賃（2等）は3キロまで10円。400円は145キロまでの運賃に相当します。これを現在のJR本州3社の幹線運賃に当てはめると2520円！　とんでもない料金です。

こんな高額では、現代の感覚では利用を躊躇《ためら》われますし、使ったとしても、せいぜい「書類はできたか？」「はい、できました」程度の会話で済まされることが多かったのではないでしょうか。

ところが、昭和36年3月に刊行された『日立評論』別冊第39号に掲載されている列車電話の使用調査表では真逆の結果を示していました。これによると、1日平均の列車全体からの発信回数は、1列車につき最大で244通話、最小で93通話でした。「つばめ」「こだま」12両編成の定員は594人ですから、満席だと仮定して、最大でおよそ2人に1人は通話をしている計算になります。1人につき複数回の通話もあったにせよ、料金のわりには利用率が高かったようです。

車内電話は、「ハンドオーバー」といって、走行中に自動的に基地局を変えて交信する機能があるので通話が途切れる心配はないとされていましたが、実際は、タイミングによって強制切断されることもありましたし、トンネルのなかではまったく通話できませんでした。東海道本線は比較的トンネルが少ない路線（全線の3パーセント程度）ですが、通話中のときは長大トンネルに入る10分前に係員が通話できなくなる旨を知らせていました。

クロ151形は、東海道新幹線が開業した昭和39年10月に新大阪〜博多間の特急へ転用されました。その頃から、東海道時代に時刻表に掲載されていた車内電話の案内がなくなっているので、公衆用の電話設備は使われなくなったようです。

（注）▼車内から通話……国鉄の車内通話は、無線方式による実験が大正15年（1926）頃から始められ、昭和35年8月、電車特急「こだま」のビュフェ内で初めて実用化された。運転室にある業務用電話と回線を共用しており、鉄道無線が発達する以前は、異常時の連絡手段としても活用された。
▼SN比35デシベル……SN比とは信号電力と雑音電力の比のことで、単位はデシベル。数値が大きいほど大きな音になる。35デシベルは人のささやき声レベルの大きさ。

半世紀前も現在も消え去る運命にあったAV機器

JRへ移行してから、国鉄時代にはない意欲的なサービスを備えたロザが数多く登場しました。相対的にハザの設備もレベルが上がっていましたし、JR移行後から1990年代の初頭にかけてはバブル時代真っ盛りでしたから、当時の車両を見ると、ロザとしての付加価値を高めようとした腐心の跡が窺えます。座席周りの設備を見ると、その象徴と言えるものがＡＶ機器だと思います。

ＡＶ機器を備えた座席車のなかで究極と思えるものは、特急「スーパーひたち」に使われていたＪＲ東日本のサロ６５１形と特急「あさぎり」に使われていた小田急電鉄のサハ２００５０形、ＪＲ東海のサロハ３７１形だと思います。オーディオ装置なら夜行高速バスも装備していますが、これらの車両にはＢＳ放送を受信できるシートテレビが座席脇に取り付けられていて、走りながらテレビを視聴できました。

小田急電鉄の特急「あさぎり」のロザに設置されていたシートテレビ

車内でテレビを視聴できる列車は、京阪電気鉄道のテレビカーがあまりにも有名ですし、京成電鉄にも特急の運転を始めた当初、テレビを視聴できる車両がありました。しかし、国鉄ではテレビを持つ車両はなく、ＪＲへ移行してから、平成元年

（1989）に登場したサロ651形でようやく実現しました。
ちなみに、私は昭和57年頃、ソニーから発売されていた「ウォッチマン」という携帯テレビを東京発大垣行きの普通列車（いわゆる「大垣夜行」）に持ち込んで視聴したことがあります。ロッドアンテナだけなのでほとんどが砂嵐状態で、茅ケ崎付近まで行くとほとんど映らなくなりました。まったくもって電池の無駄。そこまでしてテレビを見たいのかと、友人に皮肉を言われたこともありました。自慢ではありませんが、ワンセグが登場する20年以上も前に、ワンセグもどきを体験したのでした。

そんなわけで、ようやく公式にJRの列車内で座ったままテレビを見ることができるとわかったときは感激しました。ただし、どれもロザに限定されていたので、なかなか乗車する機会に恵まれず、ようやく名古屋へ出張した帰りに上りの「あさぎり」に乗車。格安な小田急電鉄の特別席料金だけで利用できる新松田からサハ20050形へ乗り移りました。

(注)BS放送を視聴できるお目当てのシートテレビは、2＋1列となった各座席の肘掛けに収納されていましたが、すぐにはわからず、おろおろしたのを覚えています。ようやく肘掛けから引き出して視聴してみると、「ウォッチマン」ほどのひどさではありませんでしたが、きれいな画面で視聴できる区間はごくわずかで、ビルやマンションが多くなる都心に近づくほど画面の乱れがひ

どくなってきました。

あえて見たい番組があったわけではないですし、興味本位で初物を見るような気持ちしかなかったので、乱れがひどくなったところで画面を切ってしまいました。見たところ、あまり使われた形跡を感じなかったので、このサービスを続けていけるのか疑問に思いました。すると案の定、1990年代の後半になってから相次いで取り外されるようになり、当のサハ20050形のテレビも平成11年頃には撤去されてしまいました。

シートテレビに似た液晶ディスプレイは、JR北海道の「クリスタルエクスプレス」や「ニセコエクスプレス」といったジョイフルトレインにも備えられていました。こちらはリクライニングシートの背面に取り付けられていましたが、テレビ放送は受信できず、ビデオ映像や運転席からの前面展望を映していました。前面展望は下手なテレビ番組より楽しく、テレビ放送を受信できなくてもかえってこちらのほうがよかったと思ったくらいです。

しかし、これらも現在は撤去されていて、液晶ディスプレイが設置されていた箇所ははっきりわかるほど痛々しく塞がれています。

音楽を聴けるオーディオサービスは、液晶ディスプレイによるビジュアルサービスより長続きしていましたが、2000年代に入ると少しずつ撤去の方向へ進み、平成25年3月、東海道・山陽新幹線を最後に、個室や一部のジョイフルトレインを除いてすべて姿を消しています。

車内のＡＶサービスが廃《すた》れてしまった理由は、ずばり保守の煩雑さと費用対効果の低さに尽きると思います。

少ない車両で増発を重ねれば検修作業がタイトになりますから、細かい電子部品の保守まで手が回りにくくなりますし、本気で安定した受信を実現しようとすれば、沿線に電波を増幅する中継局のようなものを独自に構築する必要も出てきます。しかし、利用者が少ないとあってはそこまで行なう必要はなく、ワンセグや音楽プレイヤーを兼ねたスマートフォンが普及したこともあって、もはや座席のＡＶサービスは使命を終えたと言ってよいでしょう。

列車内のＡＶサービスが短命だった例は、50年以上も前にもありました。昭和33年11月に運転を開始した国鉄初の電車特急「こだま」のロザで採用されたシートラジオです。(注)

昭和30年代に入ると、携帯できるトランジスタラジオが急速に普及しました。その額は昭和33年頃で1万5000円前後。これは当時の大卒初任給にほぼ匹敵する額でしたから、出張族ならともかく、年に数回しか旅行をしない層にとっては、あまりにも費用対効果が低すぎます。車内電話や鉄道無線がなかったこの時代、列車は走り出してしまえば、駅に着かない限り情報を遮断された密室と化していましたから、ロザ限定とはいえ、ラジオの搭載はかなりの前進だったのではないでしょうか。

一方、「こだま」と同じ時期に登場した「走るホテル」の異名で知られた20系客車では、車掌室にラジオ受信設備があって、そこから放送設備を通して各車に音声を流していたそうです。車内放送がようやく普及し始めた頃でしたから、このような原始的な方法でも、情報伝達手段としては画期的だったはずです。

国鉄のトラベルフォトニュースで紹介された「こだま」のロザ車内。通路側の席でラジオを聞いている乗客の姿が見える（鉄道博物館蔵）

シートラジオが短命だったのは、昭和35年に入ってトランジスタラジオが爆発的に安くなった（昭和33年の約半分）ということもありましたが、当時のイヤホンの品質が悪く、簡単に断線していたことや、イヤホンの消毒に手間がかかったことが原因とも言われています。

こうして歴史を振り返ってみると、シートラジオもシートテレビも、保守が面倒という点では共通しており、いつの時代も、

ＡＶサービスは廃れる運命にあるのだなと実感します。情報端末が高度に普及した昨今では、むしろ、コンセントや車内無線ＬＡＮシステムなど、個人が所有する端末を車内で安定して使えるインフラ整備が急務だと思います。

（注）▼ＢＳ放送を視聴できるお目当てのシートテレビ……ＢＳアンテナは、サハ２００５０形に隣接する５号車（デハ２００００形）の屋根上に搭載されており、放送衛星を自動追尾することができたが、屋根がある駅やトンネル内ではテレビを視聴できなかった。
▼シートラジオ……「こだま」のロザには屋根上に各周波数に合わせた６種類のラジオ用アンテナが搭載されていて、ＮＨＫ第一・第二放送を聴取できた。

大半は譲り合いで……座席のコンセント事情

ＡＶ機器とは裏腹に、最近、座席周りの設備としてもっとも注目され、望まれているのがコンセントでしょう。

コンセントはもともと、洗面所に備わっていましたが、どちらかというと、シェーバーやドライヤーを使うためのもので、場所も用途も限定的でした。現在のように座席のコンセントが普及する以前、携帯電話やゲーム機などの充電に使われているシーンを見たことがありますが、充電中、ずっと洗面所に張り付くわけにもいきませんし、かといってその場を離れれば盗難の危険性がありました。なにより、鉄道会社が正式に認めた使い方ではないので、本来の用途で使おうとする人に迷惑をかけることになり、マナー違反になります。

そんなことから、ノートパソコンや携帯電話が普及してくると「各座席に専用のコンセントを」という要望が出てくるのは当然で、個室以外では、平成12年（２０００）３月に登場したＪＲ西日本の７００系７０００番代「ひかりレールスター」指定席の一部座席から導入が始まっています。

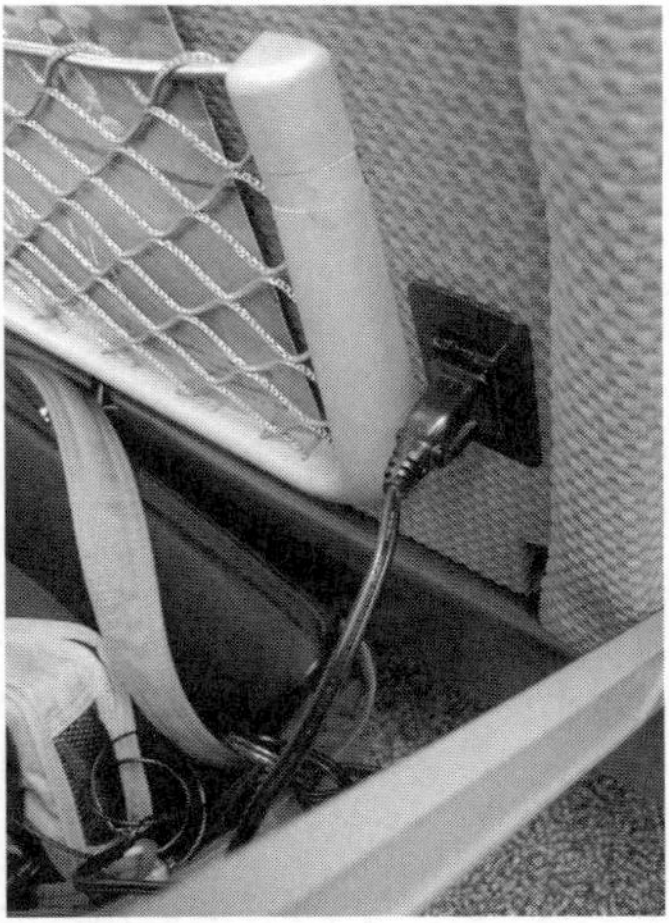
JR北海道の特急型「uシート」に設置されている座席背面下のコンセント

昨今、携帯電話市場でかなりの勢力を伸ばしているスマートフォンは、〝ガラケー〟と呼ばれる従来の携帯電話と比べるとバッテリーの消耗が激しいため、予備電池が必要なこともあります。しかし、常に電池を持ち歩くのは煩雑ですし、できれば移動中に充電しておきたいと思うのが人情で、７００系７０００番代以後、ＪＲではコンセント付き座席を急速に増やしています。

とはいえ、窓側、通路側を含む全座席にコンセントを付けた車両は意外と少なく、一部の座席に付いている車両では、大きく分けて、窓側の全部と車端席の全部に設置したタイプ（またはそのいずれかに設置したタイプ）、窓側に2口付けたタイプ、2＋1列席で1列席のみに設置したタイプがあります。

私がよく利用するJR北海道の特急型電車789系1000番代や785系には、「uシート」と呼ばれるハザの指定席の各席に付いており、位置は座席背面の下。ただ、この位置ですと、窓側の人がトイレなどで通路側へ出る場合、足を電源コードに引っかける危険性があるので、余計に気を遣わなければいけなくなります。

また、札幌～稚内間の特急「サロベツ」で使われているキハ183系は、ハザの指定席だけですが、窓側にコンセントが2口あります。これはこれで、通路側の人が窓側の人に気を遣わなくてはいけなくなります。窓側の人がコンセントに無頓着ですと「使わせてください」と断ると怪訝な顔をされることもあったのではないでしょうか。

ベストなのは、N700系やE5系のように、中央の肘掛けにコンセントが取り付けられているパターンでしょう。これですと、電源コードが座席の外側へ露出しにくくなりますから、よほど長いコードでない限り、足を引っかける心配は少なくなります。ただ、これは、座席幅が広い新幹線のロザだからできる芸当で、在来線の車両の場合、キハ283系のような1人席でないと、実現は難しいのではないかと思います。

フィット感を問われる下半身と頭部を支える設備

リクライニングシート車では、座ったときの快適度の要素として、レッグレスト、フットレスト、ヘッドレストの存在があげられます。フットレストはいわゆる足掛け、レッグレストは大腿部からふくらはぎを乗せるもので、国鉄時代はリクライニングシート付きのロザにフットレストが標準で付いていました。

レッグレストは、昭和35年（1960）に登場したクロ151形の1人掛けリクライニングシートで初めて採用されていますが、使われた期間はわずか7年余りと短命でした。本格的に使われるようになったのは、昭和60年3月に登場した100系新幹線の個室に設置されたリクライニングシートからです。

国鉄時代のフットレストについては、拙著『グリーン車の不思議』でも紹介したとおり、2段階に高さを調整できました。調整操作は台の脇にあるペダルで行なっていましたが、背ずりが直立状態では低いほうが楽で、この部分で使う際は、台をひっくり返してモケット張りの部分を表にして、そこに靴を脱いで足を乗せていました。高いほうは背ずりを傾斜させた状態で使いますが、背ずりをフルに傾斜させてもやや中途半端な姿勢となったので、あまり使わなかったのを覚えています。これは、個人の体格に依存するので、絶対とは言えませんが。

ハザでも100系新幹線車両にフットレストを付けたものが登場していますが、足の力を抜くと勝手に上へ戻ってしまうため、お世辞にもありがたいと思える設備ではありませんでした。

JRへ移行すると、100系個室にしか付いていなかったレッグレストが急速に普及します。

国鉄ロザのリクライニングシートで使われていたフットレスト。下のようにひっくり返して、モケット張りの部分を表にして靴を脱いで足を乗せられた（小樽市総合博物館のキロ26形）

ロザでは、ハザとの差別化として付けられることが多いですが、レッグレストとフットレスト両方付いているものは少なく、N700系0・3000番代やE5系のように、レッグレストが付けば、フットレストが省略されることが多いようです。実際、両方付いていたとしても、どちらかを調整すればどちらかがアンバランスな位置になるケースが多くなる気がします。それならいっそのこと、足をぶらんと乗せられるレッグレストだけのほうが楽ということになるのでしょうか。「スーパー北斗」で両方付いているキロ283形に乗車したときに、それを強く感じました。

レッグレストは、最新の特急型車両では電動式がほとんどですが、JR東日本の2階建て新幹線車両E4系のロザでは、「オットマン」という、座面の先に大腿部を支えるようなモケット張りの置き台が車端部のみで使われています。この置き台は154～160ページで紹介した155系の休養室にあった腰掛けふとんに似ています。オットマンは、クロ151形の区分室で使われたものが最初で、E4系のロザもクロ151形も、フットレストまで付くという珍しい形になっています。

レッグレストやフットレストに比べて、頭を支えるヘッドレストはあまり普及していませんでした。国鉄時代では、昭和35年に登場したクロ151形（「こだま形」のロザ）とキロ80形（「はつかり形」気動車のロザ）のみでしたが、現在は、特急型のハザにも急速に普及しています。第一章で紹介したキハ22形や第四章で紹介したスハ43系、155系には頭もたれが付いていましたが、これこそヘッドレストの元祖と言えなくもありません。

ユニークだったのはキロ80形のヘッドレストで、上下に移動させることができました。「はつかり形」は微妙なコストカットが図られましたが、ロザのシートでは新しい機構が試されたわけです。ただ、ヘッドレストは、座席の形状にかなり左右されるので、人によってはフィットしないアイテムとも言えます。実際、私もキロ80形に乗車してみて、頭の位置が合わずに苦労したこと

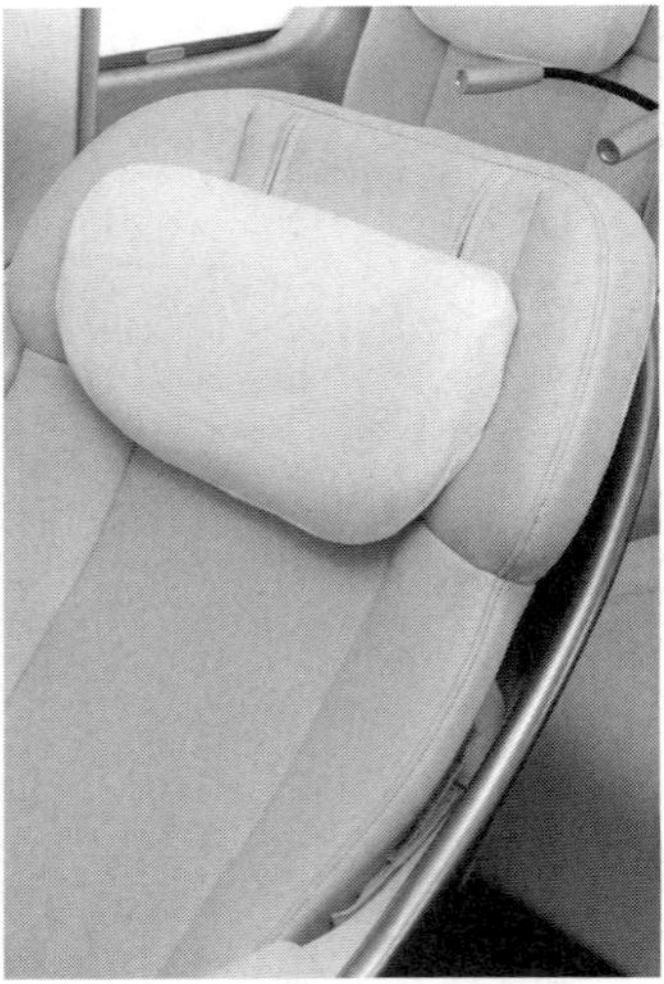

上下に可動するE5系「グランクラス」のヘッドレスト。形が枕状になっていることから「ピロー」と呼ばれることもある

キハ22形の窓側と車端部の背面に設置されていた頭もたれ。ある意味、ヘッドレストの仲間と言えるだろう

があります。あまり使われた形跡がないせいか、可動部分がかなり堅くなっていました。新しい試みのわりには存在感が薄く、これなら、普通のリクライニングシートでも同じだと感じたものです。

座席周りでもっともハイテクな設備――Ｓｕｉｃａ　Ｒ／Ｗ（リーダ／ライタ）

昨今の座席周りの設備は、かなりの部分が電動化されています。かつてのＡＶ機器がそうでしたし、リクライニングシートやレッグレスト、コンセントは電動化の象徴と言えるでしょう。電動化とともにハイテク機器も一部で導入され始めています。その代表例が、首都圏の普通列車用グリーン車でおなじみの「Ｓｕｉｃａ（スイカ）　Ｒ／Ｗ（リーダ／ライタ）」です。

Ｓｕｉｃａ　Ｒ／Ｗが導入されたおもな目的は、グリーン車内業務の省力化です。

首都圏を走るグリーン車付きの普通列車は、15両という長い編成であるにも関わらず、車掌は1人乗務です。停車駅間が短いため、車掌はドア開閉や安全確認といった運転取扱いが精一杯で、とてもグリーン車の車内改札まで手が回りません。そこで、グリーンアテンダントにグリーン車の業務を肩代わりさせたわけですが、アテンダントは車掌ではないため、面倒で煩雑な車内改札は最少限に留める必要があります。そこで、Ｓｕｉｃａシステムと連動させて、グリーン車内に

●グリーン車Suicaシステムの仕組み

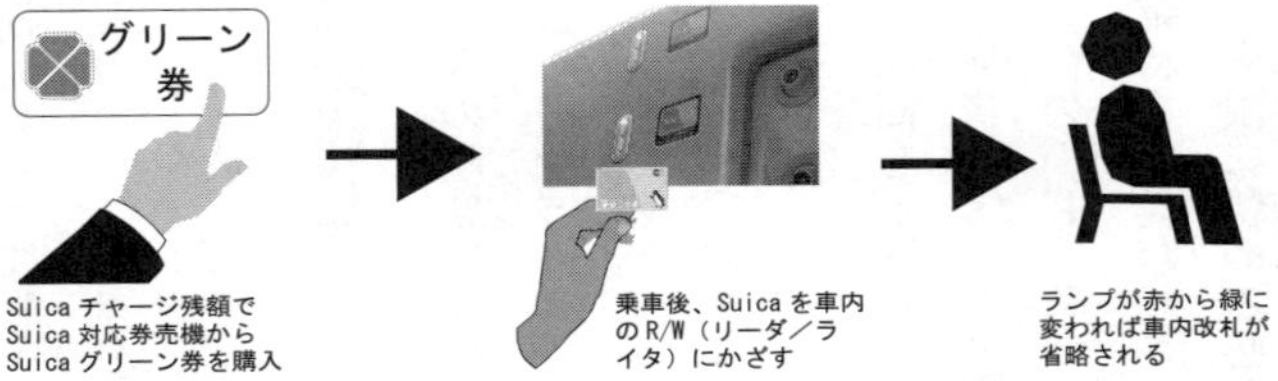
グリーン券
Suica チャージ残額で
Suica 対応券売機から
Suica グリーン券を購入
乗車後、Suica を車内
のR/W（リーダ／ラ
イタ）にかざす
ランプが赤から緑に
変われば車内改札が
省略される

ＳｕｉｃａでグリーンＷを購入したことを認識させるＳｕｉｃａ　Ｒ／Ｗを設置しました。グリーン車の乗客は、グリーン券の購入記録が入ったＳｕｉｃａカードをＳｕｉｃａ　Ｒ／Ｗにかざせば、空席の赤ランプが購入済みの緑ランプに変わり、それをグリーンアテンダントが確認することで車内改札を省略しました。これを「グリーン車Ｓｕｉｃａシステム」と言います。

このシステムを構築する際は、乗客が接するＲ／Ｗユニットのほかに、グリーン車の４・５号車に座席管理装置とＲ／Ｗ電源ユニットを搭載。４号車には列車情報管理システム[注]「ＴＩＭＳ（ティムス）」と連動するモニターが設置されました。

グリーン車の乗客が、座席上部にあるＲ／Ｗユニットにグリーン券の情報が入ったＳｕｉｃａカード（またはモバイルＳｕｉｃａが入った携帯端末）をかざすと、その情報が座席管理装置へ送られます。送られた情報が、車内に搭載されたＴＩＭＳ装置により取得された位置情報と連動して、日

●新旧グリーン車Suicaシステム

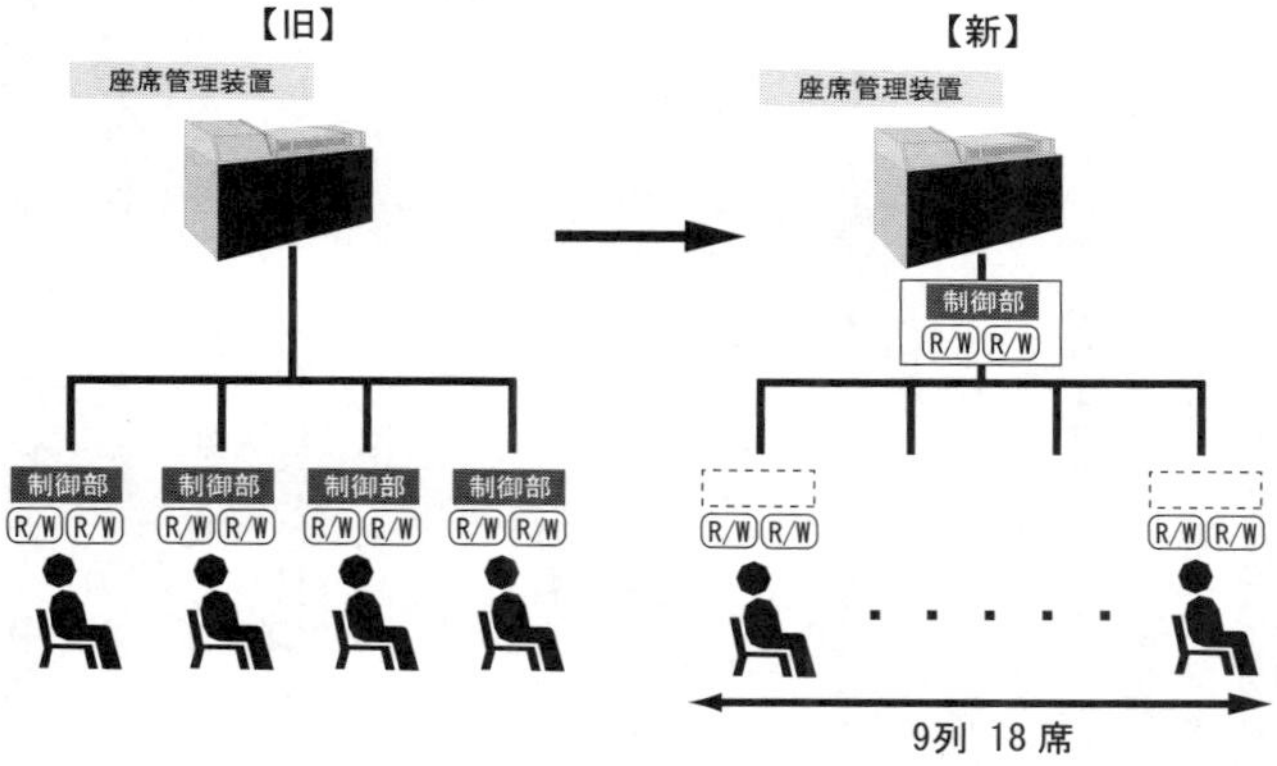

付や乗車区間が有効か否かが自動的に判別されます。これにより、もし乗客がグリーン券の有効区間外を乗車すれば赤ランプが点滅し、グリーンアテンダントが乗越し分に対して車内改札を行なうというわけです。

座席管理装置は4・5号車に設置されていますが、TIMS装置と交信するのは4号車に設置された装置となります。4号車の座席管理装置は、Bluetooth(注)（ブルートゥース）と呼ばれる無線規格でグリーンアテンダントが持つ端末(注)（入鋏《にゅうきょう》端末、発券色変え端末）と接続。アテンダントはこれを使って乗越し客の処理や車内用グリーン券の発券を行ないます。

グリーン車Suicaシステムは、平成16年（2004）10月から運用が始められましたが、平成23年秋から新しいシステムの運用が始まっています。

入手が困難となったCPU（中央処理装置）やメモリ（一時記録媒体）といった専用部品を汎用品に置き換えるとともに、コスト削減が進められました。旧システムでは、R／Wユニットを制御する回路が2席1組として付けられていましたが、グリーン車の座席が片側最大9列18席である点に着目し、制御回路を持つ1組のR／Wユニットが、18席分の情報を処理するように改良されました。そうすれば、制御回路付きR／Wユニットを大幅に減らすことができるのでコスト低減につながります。

新システムは、処理速度はもちろん、信頼性や保守性も向上しており、手始めにE233系のグリーン車へ導入。東北縦貫線（注）の開業時には、E231系やE217系といった従来のグリーン車にも導入される予定です。

（注）▼**「TIMS（ティムス）」**……Train Information Management System（列車情報管理システム）の略。JR東日本と三菱電機が共同で開発したもので、加減速、ドアの開閉、冷暖房の管理、車内放送など、列車にまつわるあらゆる制御を一括で管理する。グリーン車Suicaシステムでは、TIMSが把握する列車の位置情報を基に、グリーン車内の座席情報を管理している。

▼**Bluetooth（ブルートゥース）**……パソコンと周辺機器をつなぐ近距離無線の規格。デジタルカメラからの画像転送やWi-Fiルーターによる無線インターネットで使うことが多い。

▼**入鋏端末、発券色変え端末**……入鋏端末は、Suicaカードの情報を確認し、入鋏処理（いわゆる入場処理）をする機能を持つ。発券色変え端末は座席管理装置と連動しており、ランプの色を変える機

能を持つ。
▼東北縦貫線……上野～東京間に高架線を敷設し、東北本線などと東海道本線との直通運転を実現する計画。平成20年から工事が進められており、開業は平成26年度を予定している。

おわりに

本書でも紹介しましたが、鉄道博物館には明治から昭和にかけてのボックスシートが展示されています。大正時代のボックスシートのように背ずりは板のままで、座面だけにモケットが張られたものは「オハ61系」という客車で過去に座ったことがあるので、ある程度の〝免疫〟はできていましたが、背ずりが空洞になっている、明治時代のベンチのようなシートを見たときはかなりのカルチャーショックを覚えました。

「本当に、昔の人はこんな座席で何十時間も〝汽車〟に揺られていたのか……」と思うほど、俄には信じられない光景でした。

そんなショックがきっかけとなって、国鉄創業時から現在のＪＲまで、鉄道のサービスがどう進化したのかを調べ、まとめてみたいと思うようになりました。ただ、ひと口に鉄道のサービスといっても幅広く、最初はどこから手をつけてよいものやら皆目見当がつきませんでした。細大漏らさず書けば、それこそ、この新書本が数十冊になってしまうことでしょう。１冊にまとめるにはどこかで的を絞る必要がある……。そこで、私が一番関心を持っている「座る」ことに着目してみました。
考えてみれば、拙著『グリーン車の不思議』も座ることに着目した本でした。本書はその延長線上にあります。今回は、私の体験や感想も大いに盛り込みましたが、人によっては「それは違うのではないか」と思われるものもあるかもしれません。その点は、感じ方の違いということでご容赦ください。

鉄道利用者は座るための方法を考え、鉄道会社は快適に座ってもらうためにサービスを進化させる。そして、座席を確保し、旅が始まると悲喜こもごもの人間模様が描かれる。そう思うと、鉄道サービスと密接につながった「座る」ことを中心に鉄道が発展していったとも言えるでしょう。本書で辿っていった「座る」変遷から、激しく変貌していった鉄道の進化を感じ取っていただければ幸いです。

平成25年10月　筆者

主要参考文献・映像・サイト（順不同）

鉄道ダイヤ情報 各号（弘済出版社・交通新聞社）
鉄道ファン 各号（交友社）
鉄道ジャーナル 各号（鉄道ジャーナル社）
旅と鉄道 各号（鉄道ジャーナル社）
jトレイン 各号（イカロス出版）
鉄道ピクトリアル 各号（電気車研究会）
国鉄監修時刻表 各号（日本交通公社）
大時刻表 各号（弘済出版社）
JR時刻表 各号（交通新聞社）
国鉄電車60年のあゆみ １９６４（日本国有鉄道）
日本国有鉄道百年 写真史（日本国有鉄道）
日本国有鉄道百年史（日本国有鉄道）
国鉄線 各号（日本国有鉄道）
札幌駅80年史（札幌駅80年史編さん委員会）
鉄道物語（河出書房新社）
ニッポン鉄道遺産を旅する（交通新聞社）
時刻表にみる国鉄旅客営業のあゆみ（日本交通公社）
増補版 時刻表昭和史（角川文庫）
日本の客車（鉄道図書刊行会）
１００年の国鉄車両（交友社）
国鉄レールバス その生涯（ネコ・パブリッシング）
私鉄特急のすべて１（ネコ・パブリッシング）
日本の私鉄 京成（保育社）
みどりの窓口を支える「マルス」の謎（草思社）
電車特急50年（鉄道博物館）
昭和を走った列車物語（ＪＴＢ）
東海道新幹線（ＪＴＢ）
寝台急行「銀河」物語（ＪＴＢ）
ビジネス特急〈こだま〉を走らせた男たち（ＪＴＢ）
国鉄急行電車物語（ＪＴＢ）
キハ82物語（ＪＴＢ）
国鉄乗車券類大事典（ＪＴＢ）
星さんの鉄道昔ばなし 国鉄旅客車Q&A（ＪＴＢ）
秘蔵鉄道写真に見る戦後史（ＪＴＢ）
車掌の仕事（北海道新聞社）
日本の鉄道１２０年の話（築地書館）
鉄道切符コレクション（ミリオン出版）
鉄道重大事故の歴史（グランプリ出版）
懐かしの北海道鉄道の旅（中西出版）
回想の旅客車（交友社、学習研究社）
列車編成席番表 各号（ジェー・アール・アール、交通新聞社）
鉄道総合年表（中央書院）
日立評論 各号（日立評論社）
サイバネティクス vol・17（日本鉄道技術協会）
模倣から創造へ：国鉄座席予約システムMARS-1における技術革新（喜多千草）
鉄道分野における人間工学研究と横幹的アプローチ（鈴木浩明）
交通新聞 各号（交通新聞社）
朝日新聞 各号（朝日新聞社）
プロジェクトX「１００万座席への苦闘～みどりの窓口・世界初鉄道システム～」（ＮＨＫ）
交通科学博物館http://www.mtm.or.jp/
参議院http://www.sangiin.go.jp/
文部科学省http://www.mext.go.jp/
日本修学旅行協会http://jstb.or.jp/
ＩＰＳＪコンピュータ博物館http://museum.ipsj.or.jp/
座席探訪http://www62.tok2.com/home/tsubame787/seat.html

佐藤正樹（さとうまさき）
1960年北海道札幌市生まれ。「鉄道ダイヤ情報」編集部を経て、1996年、郷里の札幌へ戻りフリーに。「鉄道ダイヤ情報」「旅の手帖」（交通新聞社）、「週刊鉄道データファイル」（デアゴスティーニ・ジャパン）などの雑誌媒体を中心に執筆。写真ブログ「札幌のスナップ」（http://kihayuni.cocolog-nifty.com/sapporo_snap/）を公開中。近著に「国鉄／JR 列車編成の謎を解く」「グリーン車の不思議」（交通新聞社）がある。

交通新聞社新書060
「座る」鉄道のサービス
座席から見る鉄道の進化
（定価はカバーに表示してあります）

2013年10月15日　第1刷発行

著　者――佐藤正樹
発行人――江頭　誠
発行所――株式会社　交通新聞社
http://www.kotsu.co.jp/
〒102-0083　東京都千代田区麹町6-6
電話　東京（03）5216-3915（編集部）
東京（03）5216-3217（販売部）

印刷・製本―大日本印刷株式会社

©Sato Masaki 2013　Printed in Japan
ISBN978-4-330-41913-8
落丁・乱丁本はお取り替えいたします。購入書店名を明記のうえ、小社販売部あてに直接お送りください。送料は小社で負担いたします。

交通新聞社新書　好評近刊

蒸気機関車の動態保存――地方私鉄の救世主になりうるか　青田 孝

鉄道ミステリ各駅停車――乗り鉄80年 書き鉄40年をふりかえる　辻 真先

グリーン車の不思議――特別車両「ロザ」の雑学　佐藤正樹

東京駅の履歴書――赤煉瓦に刻まれた一世紀　辻 聡

鉄道が変えた社寺参詣――初詣は鉄道とともに生まれ育った　平山 昇

ジャンボと飛んだ空の半世紀――〝世界一〟の機長が語るもうひとつの航空史　杉江 弘

15歳の機関助士――戦火をくぐり抜けた汽車と少年　川端新二

鉄道落語――東西の噺家4人によるニューウェーブ宣言　古今亭駒次・柳家小ゑん・桂しん吉・桂梅團治

鉄道をつくる人たち――安全と進化を支える製造・建設現場を訪ねる　川辺謙一

「鉄道唱歌」の謎――〝♪汽笛一声〟に沸いた人々の情熱　中村建治

青函トンネル物語――津軽海峡の底を掘り抜いた男たち　青函トンネル物語編集委員会／編著

「時刻表」はこうしてつくられる――活版からデジタルへ、時刻表制作秘話　時刻表編集部OB／編著

ペンギンが空を飛んだ日――IC乗車券・Suicaが変えたライフスタイル　椎橋章夫

空港まで1時間は遠すぎる!?――現代「空港アクセス鉄道」事情　谷川一巳

チャレンジする地方鉄道――乗って見て聞いた「地域の足」はこう守る　堀内重人